聖外王
曾國藩

以誠信、忍耐與遠見成就巔峰

王建軍 著

從紛繁事務到團隊打造，
掌握專注力與領導力的智慧指南

內心平靜是修身基石，從容應對是成功之鑰

專注當下，簡明決策，活得坦然
曾國藩的不凡智慧，教你攀上事業巔峰

目錄

前言

第一章　戒驕戒躁：內心修養的基石

　　靜心除妄，專注內省 …………………012

　　胸懷寬廣，容忍寬恕 …………………017

　　修身之道：反思與慎獨 ………………023

　　無懼無畏，堅韌不拔 …………………027

　　臥薪嘗膽，徐圖自強 …………………033

　　博覽群書，學以致用 …………………037

　　內聖外王，攘外先安內 ………………041

第二章　慧眼識人：用才之道有祕法

　　知人識人，考察為本 …………………046

　　求賢若渴，廣納良才 …………………051

　　選人才，不拘一格 ……………………056

　　忠義血性 ………………………………059

　　用人所長，避人之短 …………………062

　　以誠待人 ………………………………066

目錄

第三章　和而不同：打造團結的力量

不急不躁⋯⋯⋯⋯⋯⋯⋯⋯⋯⋯⋯⋯⋯⋯070

假糊塗才是真聰明⋯⋯⋯⋯⋯⋯⋯⋯⋯⋯074

人生第一要義：勤⋯⋯⋯⋯⋯⋯⋯⋯⋯⋯078

內部矛盾的處理⋯⋯⋯⋯⋯⋯⋯⋯⋯⋯⋯083

爭取上級支持⋯⋯⋯⋯⋯⋯⋯⋯⋯⋯⋯⋯087

不當出頭鳥⋯⋯⋯⋯⋯⋯⋯⋯⋯⋯⋯⋯⋯091

第四章　隱功藏名：低調成就大局

有大志者成大事⋯⋯⋯⋯⋯⋯⋯⋯⋯⋯⋯100

做人不可傲⋯⋯⋯⋯⋯⋯⋯⋯⋯⋯⋯⋯⋯104

功不己居⋯⋯⋯⋯⋯⋯⋯⋯⋯⋯⋯⋯⋯⋯109

生於憂患⋯⋯⋯⋯⋯⋯⋯⋯⋯⋯⋯⋯⋯⋯114

勇於承擔責任⋯⋯⋯⋯⋯⋯⋯⋯⋯⋯⋯⋯117

淡泊名利⋯⋯⋯⋯⋯⋯⋯⋯⋯⋯⋯⋯⋯⋯122

眾人之私成就一人之公⋯⋯⋯⋯⋯⋯⋯⋯127

第五章　穩中求進：中庸之道的智慧

剛柔並濟⋯⋯⋯⋯⋯⋯⋯⋯⋯⋯⋯⋯⋯⋯134

以屈求伸⋯⋯⋯⋯⋯⋯⋯⋯⋯⋯⋯⋯⋯⋯139

知錯能改……………………144

　　　對手的失誤就是機會……………147

　　　危急時刻必須靠自己……………153

　　　鋒芒不露……………………159

第六章　後發制勝：掌控全局的藝術

　　　總攬全局……………………164

　　　忍讓為大局…………………169

　　　高薪養廉……………………175

　　　策略重心要掌握……………177

　　　治軍先治心…………………182

　　　以和為貴……………………187

　　　穩步前進……………………189

　　　養精蓄銳……………………197

第七章　權謀與生存：官場中的進退法則

　　　成大事需謹言慎行……………202

　　　毛羽不豐，別急著高飛………209

　　　少言實做……………………213

　　　凡事留餘地…………………218

目錄

明哲保身 ………………………………… 223

以迂為直 ………………………………… 229

第八章　駕馭人心：領袖的用人之術

重金求才 ………………………………… 238

寬嚴相濟，制人先攻心 ………………… 242

替你著想的人要重用 …………………… 246

感人以情，待人以真 …………………… 250

共同追求可以凝聚人心 ………………… 254

讓部下自主發展 ………………………… 257

錢與權，編織一張關係網路 …………… 263

繼承者 …………………………………… 268

前言

在現實生活中，我們總是會為各式各樣的選擇而糾結。例如，有朋友找你借錢，你擔心借出去的錢會打水漂，但又不想破壞你們之間的友誼，於是在借與不借之間糾結；你畢業之後想遠離家鄉去大城市工作，但父母希望你能夠留在家鄉，從而使你在自己的理想和父母的期待中糾結……

其實，想要解決這種糾結的狀況非常簡單，那就是專注於當下。曾國藩曾說過一句話：「未來不迎，當時不雜，既過不戀。」這句話的意思是，未來發生的事情，我根本就不會去想它；當下正在做的事情，不讓它雜亂，要做什麼就專心做什麼；當這件事情過去了，我絕不留戀它。這就是對活在當下、不糾結於過去和未來的最好詮釋。

曾國藩統領湘軍，用兵打仗、籌集軍餉、管理部屬等方面的事情可謂是千頭萬緒，如何處理這些事情，他在日記中總結了三點。

一為剖析，即盡量把事情細分。

一件事情擺在眼前，先把它分成兩部分，再由兩部分分為四部分，再由四部分分為八部分，分得越多，事情的細節處、隱密處就越彰顯。

前言

二為簡要，即簡明扼要。

曾國藩認為，一件事情不管多複雜，其關鍵處總是可以用一、兩句話來表達。凡是管理大眾的道理，必須簡易，才能讓他們清楚明白；若過於複雜，對於大多數的人來說將無所適從。

三為綜核，即每隔一段時間就要將做過的事情綜合起來檢視、查核一次。

這就好比讀書、治學一樣，每天學習所未知的，每月復習所已知的。對於軍事、吏事，則每個月有功課，每年有考核；對於餉事，則每一天要有流水帳，每一個月要有彙總帳。

曾國藩認為，上述這些事項都要以後來的勝過前面的為好。他天天都要在心裡琢磨這些事，白天做事，夜裡思考。

其實，曾國藩所追求的是儒家的最高境界——內聖外王，他總是用儒家的道德、君子的標準要求自己，使自己向聖人的方向發展。他從最初的頑固派逐漸轉變成務實的洋務派，順應時勢，在太平天國運動和捻軍起義風起雲湧的危急關頭，扶大廈於將傾，再造清朝的中興，使清朝的統治又延續了半個世紀。

曾國藩能夠成就一番偉業的關鍵在於，他能夠順應時勢的發展，及時轉變自己的觀念，重視當下，而不是糾結於過去中。

人們之所以總是會有這樣或者那樣的煩惱，就是因為人們總是糾結於過去或者未來，而忽視了我們最應該重視的「當下」。一個真正懂得「活在當下」的人，便能在「快樂來臨的時候就享受快樂，痛苦來臨的時候就迎接痛苦」，既不迴避，也不逃

離，總是會以坦然的態度面對人生。

　　如果一個人能夠做到這一點，那麼無論他處於什麼樣的環境中，從事什麼樣的工作，即使做不出像曾國藩那樣的事業，他的人生也一定會立於不敗之地。

前言

第一章

戒驕戒躁：內心修養的基石

第一章　戒驕戒躁：內心修養的基石

靜心除妄，專注內省

傳統思想中有很強的「靜」的色彩，幾乎每一位偉大的思想家都曾在「靜」字的基礎上立論。《周易》中說：「寂然不動，感而遂通天下之故。」《禮記・樂記》中說：「人生而靜，天之性也；感於物而動，性之欲也。」老子說：「致虛極，守靜篤。」孔子說：「仁者靜。」「靜」之一字，蘊含著奧妙無窮的人生真諦和成功謀略。

諸葛亮最早體悟到「靜」字的妙用，因此在〈誡子書〉中，他諄諄告誡兒子，無論修身、立志、治學，都要以「靜」為本：「夫君子之行，靜以修身，儉以養德，非淡泊無以明志，非寧靜無以致遠。夫學須靜也，才須學也，非學無以廣才，非志無以成學。」在這段話中，諸葛亮提出了「靜以修身」的概念。北宋理學家周敦頤更進一步提出了「主靜」說。周敦頤在《太極圖說》中說：天地誕生之前的「無極」本來就是靜的，因此人的本性也是靜，只是由於後天染上了「欲」，才破壞了「靜」的狀態，只有透過「無欲」的功夫，才能實現「靜」的境界。

曾國藩剛考中進士時，也和許多幸登金榜的士子一樣，躊躇滿志，得意非凡。但為官不久，曾國藩就因為一時無法施展治國平天下的抱負，也因為初入仕途缺乏為官經驗，更因為耐不住翰林院的清苦和孤寂，脾氣一下子變得極其暴躁，動不動就訓斥僕人。曾國荃被接到京城隨他學習，也因為無法忍受他

的脾氣憤而歸鄉。在這個時候，曾國藩拜了唐鑑和倭仁為師，精研理學。唐鑑首先針對曾國藩「忿狠」的缺點提出了「主靜」的建議，告訴他「靜」字功夫最為重要，曾國藩也由此得到了修身要訣。曾國藩聽了唐鑑的教誨，也覺得「靜」字功夫正是他所缺乏的。倭仁對曾國藩予以指教：「心靜則體察精，克治亦省力。若一向東馳西鶩，有溺焉而不知，知而無如何者矣。」

對理學家而言，「靜」的功夫是如此重要，那麼曾國藩是如何體會「靜」學說的呢？曾國藩感悟道：

只有心靜到極點，身體才能寂然不動。這句話可以作為座右銘來遵循。所謂沒有絲毫雜念，仍不能體會出真正的「極靜」。真正的「靜」是在封閉潛伏到極點時，逗引出一點生動的意念來，就像冬至那一天，陽氣初動，此時根正本固，這才可以作為一切的開始。昆蟲破眠，才可以稱之為開啟；穀粒堅實，才可以作為播種的種子，如果穀粒不飽滿，說明沒有滿腔生意，就不能作為種子來使用；假如萬物就這樣在我心中萌芽，仍不能說已經達到了至靜的境界。因為靜極生陽，大概生物也有一點萌動的仁心吧！氣息靜極，仁心卻不止息，這難道不是可與天地相比的至誠嗎？顏子三月不違仁，可以說的確是洗盡雜念，隱居退藏，因此他才是在極靜中體會到真趣的人啊！

如果我們想要在不同的環境裡都能入定求靜，那就一定要用心體會這細緻而又未可覺察的意旨，好好驗證一下自己的內心，究竟有沒有曾國藩所說的一陽初動、萬物因此而萌生的意

第一章　戒驕戒躁：內心修養的基石

念。如果有，大概才可以說是達到了靜的極點，才可以說沒有絲毫的雜念，才可以說身體寂然不動，鎮定如鼎。如果沒有，即使深閉固拒，心如死灰，自以為靜，甚至生理機能都幾乎喪失了，那也不能算真正達到「靜」的境界。因為如果有外界的干擾，他的心就不會安定了，況且他根本就沒有達到「主靜」的境界。有些人為不能入靜而困擾，不想白白往來於人世；後來，透過對道本身的觀察，才知道陰先於陽，即先有靜心然後才能體會到忍心的極大樂趣，這才開始相信。是啊，我也是透過深入地體察這真的道體之後，才意識到陰先於陽的道理。但是，倘若不是自己親身體驗，始終只是浮皮潦草地說說罷了，又哪裡能夠體會到其中的樂趣呢？

古人重視道德修養，即透過養心來達到忍心的修煉。古人云：「心體澄澈，常在明鏡止水之中，則天下自無可厭之事；意氣和平，常在麗日光風之內，則天下自無可惡之人。當是非邪正之交，不可少遷就，少遷就則失從違之正；值利害得失之會，不可太分明，太分明則起趨避之私。」

曾國藩認為心靜如水，不生妄念，淡泊名利，把萬事看空，不僅有益於養生，而且也是忍道心境修煉的必要條件。這與佛家所強調的「斷妄念」觀點是一致的。煩惱是什麼？就是妄想、雜念。我們頭腦中不斷想事情，種種念頭、種種幻想，都像電影一幕幕過去，猶如奔騰不息的急流，沒有一分一秒的停息。這種時時都在想事情的心，就是「妄心」。

佛經曰：「積植德行。不起貪嗔痴欲諸想。不著色聲香味觸法。」意思是說：因為人心裡常常起「貪嗔痴欲諸想」，因此才需要加以修正。佛家所講的「真心」裡面根本沒有這些東西，只有把這些東西除掉，心才能清淨。「色聲香味觸法」是外界的誘惑，外面有誘惑，裡面就起貪嗔痴。佛在大經上講「一切眾生本來成佛」，人們本來是佛，現在墮落成這個樣子，是什麼原因呢？原因就在於，人們經不起外界的誘惑，內心產生煩惱。《華嚴經》上說：「妄想、執著」這是人類煩惱之根源。因為有妄想，因為有執著，執著就變成貪嗔。妄想是愚痴，這是心不靜的病根。想要心靜，必須「斷妄念」，要從「不起貪嗔痴欲諸想」做起，除了「不著色聲香味觸法」之外，還要不被外界所誘惑，內心不起妄念。只有這樣，內心才能清淨。

與外在行為的動靜相比，內心的動靜才是根本，精神才是人類生活的本原。想要修身有成，必須在「靜」字上下功夫；即使想成就轟轟烈烈的大事業，也同樣要在這個「靜」字上下功夫。曾國藩說：「『靜』字功夫要緊，大程夫子是三代後聖人，亦是『靜』字功夫足。王文成亦是『靜』字有功夫，所以他能不動心。若不靜，省身也不密，見理也不明，都是浮的。」這段話反覆強調的是：如果一個人的精神不能安然沉穩，那麼他的心理總是散漫的，總是浮動的，無法看清楚事理，做事不會忠實，乃至於自己的身體也不能保養得宜。

曾國藩認為，在物欲牽制下，一個人要「靜」下來是很不容易

第一章　戒驕戒躁：內心修養的基石

的。他欽佩孔子弟子顏回的淡泊，也特別指出：「如果一個人不經歷高山，就仍會對高山仰止，沒有得到的，總是有所乞求，人能大徹大悟，就是不容易了。因此，思想清淨，除私欲，戒妄念，實為修身一大要素。」在這些方面，曾國藩也是說到做到。曾國藩一直自律甚嚴，他力除私欲，一生清廉，為世人所稱道。他從金陵官署中搬回老家的財物，主要是些書籍，他任兩江總督時所穿衣服的價格，都不超過三百兩銀子。

同治十年（西元 1871 年）十一月二十二日，曾國藩移居經過翻修的總督衙署，他到署西的花園遊覽，花園尚未修整完畢，正在加緊處理。遊觀後，他感嘆道：「偶一觀玩，深愧居處太崇，享用太過。」這是他逝世前兩個月最後一次遊覽。

晚年，他自感身體太差，實在「有玷此官」，他多次上疏懇辭官職。但兩個弟弟曾國荃和曾國潢都與他不同，尤其是曾國荃，攻下吉安、安慶、天京（今南京，太平軍於金陵建都，改名天京）後，三次搜刮，一次比一次過分。他在家鄉所建造的「大夫第」，長達一公里，房子數百間，其中有大量財寶、家具和僕人婢女，在當時極為罕見，被人譏為「老饕」。曾國藩對此極其反對，他認為「富貴功名皆人世浮榮，唯胸次浩大是真正受用」。曾國藩的確在戒妄念上下了不少功夫，做到了思想清淨。如果能去除妄念，一個人就會明白他到底該做什麼，不該做什麼。

胸懷寬廣，容忍寬恕

俗話說「多個朋友多條路，多個敵人多堵牆」，因此，如何與人相處，使自己的事業有良好的人際基礎作為支撐，而不是到處樹敵，使自己寸步難行，這就是一門深奧的學問。曾國藩在這方面的成功經驗就是：宰相肚裡可撐船，待人以寬恕二字為準則。

曾國藩早年在長沙嶽麓書院讀書時，有一個同學性情暴躁。曾國藩的書桌放在窗前，那人看見了就說：「我讀書的光線都是從窗中照過來的，你把書桌放在窗前，光線不就被你遮住了嘛。趕快挪開它。」曾國藩聽了就照同學的話把桌子移開了。曾國藩晚上用功讀書，那人又說：「平常不唸書，晚上還要吵人嗎？」曾國藩只好低頭默誦。不久，曾國藩中了舉人，傳報到時，那人大怒說：「這屋子的風水本來是我的，反而被你奪去了！」在旁的同學聽著不服氣，質問他：「書案的位置，不是你叫人家擺放的嗎？怎麼能怪曾國藩呢？」那人說：「正因如此，才奪了我的風水。」同學們都覺得那人無理取鬧，替曾國藩抱不平，但曾國藩和顏悅色，毫不在意，勸息同學，安慰室友，如無事一般。當時的書院院長歐陽坦齋知道此事後，誇讚說：「國藩大度，必成大器。」

清代有個叫錢大昕的人說得好：「誹謗自己而不真實的，付之一笑，不用辯解。誹謗確有原因的，不靠自己的修養進步是

第一章　戒驕戒躁：內心修養的基石

不能制止的。」器量宏大，使我們能檢視自身。大度本身就是一種魅力，一種人格的魅力，那不僅是正視自己的缺點，而且也是信任自身的力量。沒有度量，生活處處皆煩惱。俗話說「大人有大量」，說的就是胸懷和氣度。人的職位越高，氣度應該越大，二者是正比關係。

關於曾國藩的寬和大度有這樣的事蹟：新寧的劉長佑由於拔取貢生，入都參加朝考。當時的曾國藩身分已十分顯貴，擔任閱卷大臣，向劉長佑索取他的楷書，想事先了解他的筆跡，可劉長佑堅持不給。後來，劉長佑做了直隸總督，當時捻軍的勢力正盛，曾國藩負責分擊，劉長佑負責合圍，他以草書寫成文稿，將要呈上，有人說：「如果曾公不滿意我們怎麼辦？」劉長佑說：「只要考慮事情該怎麼辦，他有什麼好怕的呢！」曾國藩看到這篇文稿之後，覺得這樣做非常正確。劉長佑知道後，對幕僚說：「滌翁對於這件事沒有一點芥蒂，全是由於他下過聖賢的功夫，才能達到此境界。」

曾國藩的虛懷若谷、雅量大度，還深深影響了他的同僚。李鴻章就深受曾國藩的影響，為人處世處處以大度為懷，當發現有人指出他犯下有關這方面的錯誤時，便能立即不吝於改過。

由於李鴻章已經長時間身居重位，而政務又繁忙，自然不免產生傲慢無禮的態度。有一次，某個下官拜見他時行半跪的禮節，李鴻章抬著頭，眼睛向上，捻著髭鬚，像沒看見一樣。等到拜見的官員坐下，李鴻章問有何事來見，那官員回答說：「卑

職聽說中堂政務繁忙,身體不適,特來探望您的病情。」李鴻章說:「沒有的事,可能是外界的謬傳吧!」官員說:「不是的,以卑職所看到的,中堂可能是得了眼睛的疾病。」李鴻章笑道:「這就更荒謬了。」官員說:「卑職剛才向中堂請安,中堂都沒有看到,恐怕您的眼疾已經很嚴重了,只是您自己沒有覺察到吧!」於是,李鴻章向他抬手謝過。

曾國藩一生受儒家、道家思想影響極大,十分強調儒家說的「恕」。「作人之道,聖賢千言萬語,大抵不外『敬』、『恕』二字。」他教導四弟要以「恕」立身,說:「今日我處順境,預想他日也有處逆境之時;今日我以盛氣凌人,預想他日人亦以盛氣凌我之身,或凌我之子孫。常以『恕』字自惕,常留餘地處人,則荊棘少矣。」

有一次,一個冒充校官的人去拜訪曾國藩。此人高談闊論,有不可一世之概。曾國藩禮賢下士,對投幕的各種人都傾心相接,但心中不喜歡說大話的人,見這個人言辭伶俐,心中好奇。談話中論及用人須杜絕欺騙之事,那人危言正色道:「受欺不受欺,全在於自己是何種人。我縱橫當世,略有所見,像中堂大人至誠盛德,別人不忍欺騙;像左公(宗棠)嚴氣正性,別人不敢欺騙。而別人不欺尚懷疑別人欺騙他,或已經被欺騙而不知者,也大有人在。」曾國藩視人一向注重條理,見此人講了四種「欺法」,頗有道理,不禁大喜,對他說:「你可到軍營中,觀我所用之人。」此人應諾而出。第二天,拜見營中文武各官後,他

第一章　戒驕戒躁：內心修養的基石

煞有介事地對曾國藩說：「軍中多豪傑俊雄之士，但我從中發現有兩位君子式的人才。」曾國藩急忙問是何人，此人回答是彭玉麟及郭嵩燾。曾國藩又大喜稱善，待為上賓，但一時找不到合適的位置，便暫時讓他督造船炮。

多日後，兵卒向曾國藩報告此人挾千金逃走，請求發兵追捕。曾國藩沉默良久，說：「停下，不要追。」兵卒退下後，曾國藩雙手把鬚，說：「人不忍欺，人不忍欺。」過了幾天，曾國藩舊話重提，幕僚問為什麼不發兵追捕。曾國藩回答說：「現今發、捻交熾，此人只以騙錢計，若逼之過急，恐入敵營，為害實大。區區千金，與本人受欺之名皆不足道。」由此足見曾國藩的遠見與胸襟。

曾國藩認為，一個人要想成就一番事業，必須要有恢宏的氣度，能容天下難容之人，且記「處世讓一步為高，退步即進步的張本；待人寬一分是福，利人實利己的根基」。「恕」是忍道的修煉之道，更是事業成功的保障。為人如果心中無恕，絲毫沒有容人之度，看誰都不順眼，最後只能成為孤家寡人。

曾國藩的寬容大度還表現在他對左宗棠的保舉上。

曾國藩為人拙誠，言辭木訥，而左宗棠恃才傲物，言語尖銳，鋒芒畢露。咸豐四年（西元 1854 年）四月，曾國藩初次出兵，敗於靖港，投水自盡未遂，回到省城，垂頭喪氣，左宗棠責備曾國藩：「余縋城出，省公舟中，氣息僅屬……責公事尚可為，速死非義。」使得曾國藩無言以對。咸豐七年（西元 1857

年）二月，曾國藩在江西瑞州營中聞父喪，立即返鄉。左宗棠認為他不待君命，捨軍奔喪，很不應該，湖南官紳對此也譁然應和，使得曾國藩大失眾望。

儘管左宗棠在很多事情上與曾國藩意見不合，但曾國藩認為左宗棠是個不可多得的人才，於是不遺餘力地向清廷舉薦左宗棠。

咸豐六年（西元 1856 年）正月，曾國藩奏左宗棠接濟軍餉有功，因而朝廷命左宗棠以兵部郎中用。左宗棠性情剛直，很快就得罪了不少人，樊燮案使他被迫於咸豐十年（西元 1860 年）正月離開長沙。三月二日左宗棠到達湖北襄陽，當時，曾國藩駐軍在宿松，便向左宗棠伸出援手，將他接入營內，並上奏說：「左宗棠剛明耐苦，曉暢兵機。當此需才孔亟之時，或飭令辦理湖南團防，或簡用藩臬等官，予以地方，俾得安心任事，必能感激圖報，有裨時局。」清廷接到曾國藩的奏章，於四月二十日，諭令左宗棠「以四品京堂候補，隨同曾國藩襄辦軍務」。左宗棠因而正式成了曾國藩的幕僚，曾國藩派他回湖南募勇開赴江西戰場。過了幾個月，左宗棠率軍在江西接連攻克德興、婺源，曾國藩立即於十一月二十八日專摺為他和部屬報功請賞，並對他的戰績推崇備至，左宗棠因此得以升遷為候補三品京堂。

咸豐十一年（西元 1861 年）四月初二，曾國藩又上奏請「將左宗棠襄辦軍務改為幫辦軍務」。朝廷也立即准奏。這年十一月十六日，曾國藩奏請派左宗棠援浙，並將在江西廣信、廣豐、

第一章　戒驕戒躁：內心修養的基石

玉山、饒州和安徽徽州等地的陸軍及內河水師，統歸由左宗棠就近掌管調度，使左宗棠開始擁有較大的軍權。但左宗棠還未趕到杭州，杭州就於十一月二十八日被太平軍占領，杭州將軍瑞昌與浙江巡撫王有齡均死於戰事。於是，曾國藩第四次上奏保舉左宗棠，使左宗棠於十二月二十五日補授浙江巡撫。同治二年（西元1863年）三月十八日，左宗棠授命任閩浙總督，仍兼任浙江巡撫，從此與曾國藩平起平坐。把別人捧得與自己一樣高，這樣的保舉，恐怕也只有具有超人度量的曾國藩才能做到。

曾國藩認為，一個人，特別是手握重權的將帥的度量直接影響到了人與人之間的關係是否能協調發展。人與人之間經常會發生衝突，有的是由於認知水準不同，有的則是因為一時的誤解所造成的。如果身為將帥的人有宏大度量，以寬容的態度對待別人，這樣就有可能爭取到時間，使衝突得以緩和。反之，如果度量不大，即使為了芝麻小事，相互之間也爭爭吵吵，斤斤計較，結果必然是傷害了感情，影響了彼此之間的信賴。

縱觀古今，大凡胸懷大志、目光高遠的仁者志士，無不大度為懷，置區區小私於不顧；相反地，鼠肚雞腸、競小爭微，對隻言片語也耿耿於懷的人，沒有一個成就得了大事業，沒有一個是有出息的人。

修身之道：反思與慎獨

　　培養勵志精神，注重道德修養，是一個成功者的基本素養。《禮記‧大學》說：「自天子以至於庶人，一是皆以修身為本。」修身乃是齊家、治國、平天下的基礎，曾國藩認為人人都有向善的能力，能不能真正成為一個「有德」的人，關鍵就在於能否提升道德修養。

　　曾國藩平時很注重道德修養，並時時以品德上的進步警惕激勵自己。這樣積極向上的風格和態度，無疑是值得後人借鑑和學習的。正因為曾國藩一生兢兢業業，在自己的道德修養上一刻不敢放鬆，所以他的人品才得到了世人的一致好評。

　　曾國藩在他的〈日課四條〉裡說：

　　自修之道，莫難於養心。心既知有善、知有惡，而不能實用其力，以為善去惡，則謂之自欺。方寸之自欺與否，蓋他人所不及知，而己獨知之。故《大學》之〈誠意〉章，兩言慎獨。果能好善如好好色，惡惡如惡惡臭；力去人欲，以存天理，則《大學》之所謂「自慊」，《中庸》之所謂「戒慎恐懼」，皆能切實行之。即曾子之所謂「自反而縮」，孟子之所謂「仰不愧」、「俯不怍」。所謂養心莫善於寡欲，皆不外乎是。故能慎獨，則內省不疚，可以對天地、質鬼神，斷無行有不慊、於心則餒之時。人無一內愧之事，則天君泰然。此心常快足寬平，是人生第一自強之道，第一尋樂之方，守身之先務也。

第一章　戒驕戒躁：內心修養的基石

　　曾國藩這一番關於「慎獨」的宏論可謂透澈而精采。

　　慎獨，是理學家們最重要的修養方法。鄭玄注：「慎獨者，慎其閒居之所為。」也就是說，一個人在獨處的時候，對自己的行為也要加以檢點約束。《禮記‧中庸》云：「道也者，不可須臾離也，可離非道也。是故君子戒慎乎其所不睹，恐懼乎其所不聞。莫見乎隱，莫顯乎微，故君子慎其獨也。」意思是說，忍心的原則是一時一刻也不能鬆懈的，並且要時刻檢視自己的行為，警惕是否有不適當的言行而自己沒有看到和聽到，害怕別人對自己有什麼意見而自己不知道。因此，一個有道德的人在獨自一人、無人監督時，總是小心謹慎地不做任何不道德的事。堅持慎獨，在「隱」和「聖」上下功夫，即有人在場和沒人在場都是相同姿態，不允許有絲毫邪惡念頭萌發，才能防微杜漸，使自己的忍道心境提升到很高的境界。

　　曾國藩對兒子曾紀澤、曾紀鴻提出的全面修身養性要求的第一條就是慎獨。曾國藩說，只要做到「慎獨」，就能保證內省不疚；既然對鬼神都可以處之泰然，就能夠快樂、滿足、欣慰、平靜。慎獨就是真誠，真誠就是快樂。難怪孟子說，反問自己是真誠的，就是最大的快樂；難怪荀子說，沒有比真誠更好的養心方法了。因此，在曾國藩看來，慎獨「是人生第一自強之道，第一尋樂之方，守身之先務也」。

　　關於慎獨，曾國藩專門撰寫過一篇〈君子慎獨論〉，他說：

　　嘗謂獨也者，君子與小人共焉者也。小人以其為獨而生一

念之妄，積妄生肆，而欺人之事成。君子凜其為獨而生一念之誠，積誠為慎，而自慊之功密。其間離合幾微之端，可得而論矣。蓋《大學》自格致以後，前言往行，既資其擴充；日用細故，亦深其閱歷。心之際乎事者，已能剖析乎公私；心之麗於理者，又足精研其得失。則夫善之當為，不善之宜去，早劃然其灼見矣。而彼小人者，乃不能實有所見，而行其所知。於是一善當前，幸人之莫我察也，則趨焉而不決。一不善當前，幸人之莫或伺也，則去之而不力。幽獨之中，情偽斯出，所謂欺也。唯夫君子者，懼一善之不力，則冥冥者有墮行；一不善之不去，則涓涓者無已時。屋漏而懍如帝天，方寸而堅如金石。獨知之地，慎之又慎。此聖經之要領，而後賢所切究者也。自世儒以格致為外求，而專力於知善知惡，則慎獨之旨晦。自世儒以獨體為內照，而反昧乎即事即理，則慎獨之旨愈晦。要之，明宜先乎誠，非格致則慎亦失當。心必麗於實，非事物則獨將失守。此入德之方，不可不辨者也。

　　曾國藩認為，能夠做到慎獨，就可以內省不疚。為了克服自身存在的毛病，曾國藩上承三省吾身的祖訓，下開自我批評的先河，時刻不忘修身養德。如果一個人廣泛地學習，每天多次反省自己，他就會變得聰明，而且行為也沒有過錯。曾國藩對自己的要求比荀子還嚴格，也更具體。在道光二十二年（西元1842年）正月的日記中，他這樣寫道：「凡事之須逐日檢點者，一日姑待，後來補救則難矣。況進德修業之事乎？」十月初一，曾國藩為自己制定了個「日課冊」，名之曰《過隙集》，「每日一

第一章　戒驕戒躁：內心修養的基石

念一事，皆寫之於冊，以便觸目克治。」「凡日間過惡，身過、心過、口過，皆記出，終身不間斷。」此外，為了徹底改正自己晚起的毛病，曾國藩還特意寫信請弟弟監督提醒自己。

曾國藩不僅逐日自我檢視，而且事事檢點。曾國藩的這種檢點思想，並不是他心血來潮的奇思異想，實在是扎根於深厚文化傳統的自然秉承。孔子也說過：「見賢思齊焉，見不賢而內自省也。」看到別人有缺點就反省自己，孟子大概是中國第一個善於反省的大師，曾國藩最佩服他，表示願終生私淑孟子，「雖造次顛沛」也願「須臾不離」。而孟子是從別人對自己行為的反應中來反省，他最著名的方法就是「反求諸己」：愛人不親，反其仁（反問自己的仁德）；治人不治，反其智；禮人不答，反其敬。曾國藩認真鑽研過的程朱理學也強調「正己為先」。曾國藩正是在這樣的背景下「逐日自我檢視」，由於認為檢點是事關進德修業的大事，所以他才那樣嚴格地自我要求，不允許自己有一天的怠慢。

曾國藩說，一個人如果在心境上不能保持平淡，則應思考無法保持平淡的原因，並反省和改過。為此，他一生堅持寫日記，把每天的所作所為如實地記錄下來，認真反省。他寫下的日記多達一百多萬字，綜觀其內容有相當程度的篇幅是自責的語句。譬如，他在朋友家中見到別人奉承賣唱之女子，「心為之動」；夢中見人得利，「甚覺豔羨」，等等。於是，他痛斥自己：「好利之心至形諸夢寐，何以卑鄙若此！方欲痛自湔洗，而本日聞

言尚怦然欲動，真可謂下流矣！」僅在道光二十二年（西元 1842 年）冬天，他就連續十來天寫下了諸如「說話太多，且議人短」之類的句子，如「細思日日過惡，總是多言，其所以致多言者，都從毀譽心起」、「語太激厲，又議人短，每日總是口過多，何以不改」等。對於友人的忠告，曾國藩則強制自己虛心接受，力求改正。邵蕙西曾當面指責他「交友不能久而敬」、「看詩文多執己見」、「對人能做幾副面孔」，他將其視為「直哉，吾友」，並決心「重起爐冶，痛與血戰一番」。此外，他所做的箴言以及警句等，大部分皆展現出他要藉以提醒自己不忘改過、立志自新的精神。

一個人是否聰明不在於他是否犯錯，而在於他能否從錯誤中學到經驗，避免下次再犯；一個人是否具有高尚的品行，不在於他在別人面前的表現怎麼樣，而在於他在獨處的時候表現如何。因此，若要培養高尚的品德，必須每天對自己的所作所為進行反思和慎獨！

無懼無畏，堅韌不拔

曾國藩認為，作為統兵打仗的一方主帥，能夠成就大事的重要一點，就是能夠在關鍵的時刻「獨立而不懼怕，確立而堅忍不拔」。湘軍這個曾一度上不了檯面的臨時集團，之所以能夠「滾雪球」般發展成為一個和衷共濟、充滿活力的戰鬥集團，就

第一章　戒驕戒躁：內心修養的基石

是因為曾國藩越是在困難的時刻，越是耐得住性子。

同治元年（西元 1862 年）五月二十八日，曾國藩在寫給弟弟的信中說：

自古以來，沒有一位帝王將相不是由自立自強發跡的。就算是聖人、賢者，也各有各的自立自強的道路。所以能夠獨立而不懼怕，確立而堅忍不拔。我往年在京城，喜歡與名聲浩大、地位高上的人作對，也並不是沒有挺然自立、不畏強權的想法。後來，我統兵剿逆，也完全是憑藉在關鍵時刻能夠獨立而不懼怕，確立而堅忍不拔，因此得有所成。

咸豐十年（西元 1860 年）閏三月十六日，太平軍再破清軍江南大營，解除金陵之圍。隨後，和春自縊，張國樑溺死。太平軍在李秀成的率領下，分兵四路，進攻蘇、常。從閏三月二十五日開始，太平軍接連攻克丹陽、常州、無錫，並在四月十三日攻克蘇州。一時間江南財賦豐碩之地盡入太平軍之手。

江南大營被太平軍攻破，對清廷來說是個沉重的打擊。因為江南大營完全是朝廷的八旗正規軍，長期以來咸豐皇帝一直將其倚為長城，用來威脅和窺視金陵。朝廷並不放心曾國藩，原本指望用湘軍對太平軍進行剿殺，並由江南大營坐享其成。然而，天命無常，咸豐皇帝原以為將大營紮在金陵東郊，既可以威脅金陵，又可以護住蘇、常財賦豐碩之地，卻沒想到江南大營如此不堪一擊，這就迫使朝廷不得不轉而依靠湘軍。為了催促曾國藩盡快收復蘇、常，朝廷破例賜給曾國藩兵部尚書

銜,授以署理兩江總督之職。曾國藩的同僚及部下,在聽聞曾國藩署理兩江總督後,都勸他放手行動,進軍東南。

曾國藩卻一直堅定地認為:只有將策略重心放在安慶,才能掌握以上制下、反客為主的軍事主動權,並最終達到圍攻金陵、剷除太平天國的目的。因此,他仍然堅持圍攻安慶之兵不能撤。當然,曾國藩為了給朝廷交代,同時還決定派軍駐守祁門,在表面上擺出一副支援蘇、常的架勢。

祁門是一座小縣城,位於皖贛邊界,四面環山,它的東部與徽州府的黟縣、休寧、歙縣毗鄰。這裡雖然交通閉塞,卻是太平軍西向征途中長江南岸的必經之地。駐守祁門,表面上是對支援蘇、常擺出姿態,以慰咸豐皇帝和江南士紳,實際上是要爭奪皖南,以達到西守江西後方,東阻江浙太平軍西向,北作為安慶的南翼,危急時即可北上支援安慶的目的。為此,曾國藩抽調鮑超六千人,朱品隆和唐義訓兩千人,楊鎮魁一千人,並將張運蘭的四千人由湖南調回,預計集中一萬三千餘人渡江南下,進駐祁門。

然而,曾國藩於六月十一日到達祁門時,隨他一起來到祁門的部隊,只有朱品隆和唐義訓的兩千人、楊鎮魁的一千人,張運蘭於七月才到達祁門,而鮑超回家探親遲遲未歸。

曾國藩抵達祁門以後,由於江浙地區相繼被太平軍占領,當地官僚們紛紛請求咸豐皇帝派湘軍前去援助,李秀成進出嘉興府,瑞昌、王有齡請其援浙;陳玉成進攻上海,薛煥請求派

第一章　戒驕戒躁：內心修養的基石

兵支援上海和蘇州。適逢英法聯軍發動的第二次鴉片戰爭，咸豐皇帝不知所措，只好命曾國藩「分路進兵，規復蘇、常」；幾天後，又改命進援浙江，先「保全浙省，再圖規復江蘇」；並於六月二十四日，實授曾國藩兩江總督，並授為欽差大臣，督辦江南軍務，大江南北的水陸各軍全數歸其調遣。

此時，曾國藩雖至祁門，但兵將不齊，身邊能征善戰的兵力並不多，進援浙江根本不現實。目前，他只能立足皖南，爭取迅速攻克安慶。但為了應付咸豐皇帝，曾國藩只好對咸豐皇帝開空頭支票：「皖南進兵，必須能保寧國、能復廣德，乃有進兵東下之路。」因為此時，太平軍已占領廣德，而軍事重鎮寧國正處於太平軍包圍之中。所以，曾國藩的當務之急是先解寧國之圍，保住祁門東向的門戶。誰知，八月十二日，在清軍損失了近六千人之後，寧國府被攻克。這就迫使曾國藩只能轉攻為守，令張運蘭駐防旌德、鮑超堅守太平、李元度防禦徽州，以阻止太平軍進一步深入。

由於徽州策略地位重要，所以臨行前曾國藩不放心地對李元度說：「徽州乃皖南大城，又是祁門的屏障，長毛打徽州，是想衝破這道門，闖進祁門來，守住徽州意義重大。你千萬不要把它丟了。」

李元度毫不在乎地拍著胸脯說道：「大帥請放心，長毛撼山易，撼平江勇難。有平江勇在，徽州城絕不會缺一個角。」然而，李元度到達徽州後，並沒能守住這座門，很快就在太平軍

九萬大軍的圍攻下棄城而逃。

徽州失守，祁門變成了前線。當時，曾國藩身邊的兵力僅有張運蘭的一部分老湘營及親兵營，合起來不足三千，形勢十分危急。再加上此時李秀成正率領第二次西征的南路大軍進入皖南，並於咸豐十年（西元1860年）十月十九日擊敗了張運蘭的部隊；劉官芳所率大軍攻入安徽黟縣羊棧嶺，離曾國藩的祁門大營僅六十里；而李世賢部隊則從東面逼近祁門；黃文金部隊也駐紮在祁門西。曾國藩的祁門大營實際上已處於太平軍的團團包圍之中。

當時，曾國藩的身邊只有不到三千人，而張運蘭被李秀成打敗之後，也是岌岌可危，此時已處於無暇旁顧的境地，曾國藩只好急調鮑超前來援助。曾國藩在家書中，描述了此一窘境：「十九日未刻，石埭之賊，破羊棧嶺而入，新嶺、桐林嶺同時被破，張軍前後受敵，全局大震，比之徽州之失，更有甚焉。」曾國藩覺得此次祁門被圍，肯定是凶多吉少，便事先寫好了遺囑。祁門大營的眾幕僚也是心慌意亂，都有撤退的意思。歐陽兆熊曾描述說：「（湘軍）至徽一戰大敗，葉小鶴副將陣亡。文正駐休寧城，羞忿不肯回答，已書遺囑，部署後事，軍中皇皇，莫知為計。」曾國藩見人心渙散，強留必定適得其反，遂聲稱願走者大營發給盤纏，待度過難關後仍可回來。正當眾人不知所措之時，李秀成卻匆匆撤兵。原來，李秀成只是借道羊棧嶺，並非想進入曾國藩的祁門大營。一場虛驚總算過去。

第一章　戒驕戒躁：內心修養的基石

　　李秀成雖然離開了祁門，但太平軍仍有人馬停留在皖南。太平軍已占領徽州，仍有隨時進攻祁門的可能性。所以，曾國藩命令鮑超仍然駐紮漁亭，張運蘭駐紮黟縣，來加強祁門大營的防衛。但一時間曾國藩卻無法從根本上改變兵力上的劣勢。

　　咸豐十一年（西元 1861 年）正月二十七日，李世賢由休寧進占江西婺源，一舉攻占了景德鎮；劉官芳則開始進攻櫸根嶺、禾戍嶺、歷口等地。歷口是祁門大營出入的通道，距曾國藩大營僅二十里。景德鎮的失守，更是切斷了祁門大營的所有對外通道，曾國藩幾乎陷於絕境。

　　當時，太平軍的兵力是湘軍的十倍以上，湘軍則占據了有利的地勢，雙方打了三天三夜，一時還無法分出勝負來。但是，湘勇的人數卻在一天天減少，太平軍隨時都有可能破嶺而入。看來，祁門大營的覆滅是在所難免了。

　　曾國藩此番處於絕境，自料難逃一死，再次寫好遺囑，並在床頭放一把劍，隨時準備兵敗自殺。祁門大營的幕僚們更是驚慌失措。整個大營到處瀰漫著驚恐慌亂的氣氛。那些紙上談兵的軍機參謀、舞文弄墨的書記文案，以及記帳算數的小吏，亂成一團，紛紛暗中尋找生路。許多人暗暗後悔沒有早點離開。在此生死存亡的危急時刻，曾國藩儘管已做好了最壞的打算，但他充分發揮了「獨立而不懼怕，確立而堅忍不拔」的忍道之功，表面上仍鎮定自若。見人心已散，他便親擬一則告示：「當此危急之秋，有非朝廷命官而欲離祁門者，本督秉來去自願

之原則，發放本月全薪及途費，撥船相送；事平後願來者，本督一律歡迎，竭誠相待，不記前嫌。」並叫文書謄抄後貼在營房外。眾幕僚見曾國藩在關鍵時刻如此鎮定，備受感動，紛紛表示願生死同行，大營「人心遂固」。正是曾國藩在生死關頭的「不懼」和「堅忍」，才激起了部屬同仇敵愾、拚死報效的決心，從而渡過了危機。

臥薪嘗膽，徐圖自強

「打脫牙，和血吞」是曾國藩關於堅忍之氣的名言。「堅」可理解為銳意進取，挺而不軟弱；「忍」可理解為持之以恆、能屈能伸、不計屈辱。在數十年的打拚中，曾國藩對他人的不理解、不支持和譏諷、嘲笑、輕蔑甚至侮辱，從不怨天尤人，而是「好漢打脫牙，和血吞」，強忍著咬牙堅持，徐圖自強。

曾國藩說自己一生「打脫牙之時多矣」，又說一生成功「全在受辱受挫之時」，他在寫給次子曾紀鴻的信中闡述了「能渡過極困難之境方是大英雄」的道理。他說：「一般人遇到困難、挫折時便會停下來，放棄自己的目標，或繞道他處。實際上，『熬過此關，便可少進，再進再困，再熬再奮，自有亨通精進之日。』」曾國藩透過古今豪傑成敗的啟示，得出結論：「凡事皆有極困極難之時，打得通的，便是好漢。」

咸豐四年（西元 1854 年），在曾國藩決定會戰湘潭時，太平

第一章　戒驕戒躁：內心修養的基石

天國的聲勢正盛。以金陵為中心，武漢、鎮江、揚州等重鎮，全都掌握在太平軍的手中，清廷在這一地區幾乎沒有任何勢力，而東征太平軍的曾國藩也是接連失利。在這種情況下，湘潭決戰的勝負對於交戰雙方來說，都攸關全局。曾國藩認為，「湘潭與靖港之賊互為首尾，倘不及早撲滅，不獨省城孤注難以圖存，衡、永、郴、桂及兩粵匪黨，聞風響應，東南大局不堪設想。」當時的情況也確實如此，太平軍若能取得湘潭之戰的勝利，便能順勢攻取長沙，控制湖南，從而在湖南和兩廣農民起義軍的響應下，控制兩廣和閩浙等地，占有半壁江山。太平天國政權只有在真正實現了劃江而治的條件下，才具備發動北伐的可靠基地，才有可能奪取全國政權。而對湘軍來說，湖南是湘軍的老巢，占有湖南便代表著湘軍的兵餉來源有保障；一旦失去湖南，猶如魚離開水一樣，湘軍就會因乾涸而消亡。

曾國藩充分意識到了湘潭戰場的重要性，先派手下第一悍將塔齊布率軍開赴湘潭，又急調水師統領褚汝航協助陸師擺出了與太平天國殊死搏鬥的架勢。如此一來，在湘潭戰場上，湘軍的兵力占了優勢，加上太平軍主帥林紹璋本人忠厚有餘，但「無大本領」，指揮不當，致使太平軍戰線過長，兵力分散，完全陷於被動挨打的局面。

湘潭之戰，太平軍遭到前所未有的慘敗，朝廷特別強調這一勝利的影響：「自粵逆稱亂以來，未受大創，湘潭一役，始經兵勇痛加剿洗，人人有殺賊之志矣。」

湘潭全勝、靖港大敗，湖南巡撫駱秉章、湖南提督鮑起豹和曾國藩聯合上奏戰鬥經過，請求獎勵立功將士。而曾國藩則單上一摺，痛陳自己的失誤。奏摺最後，他沉痛萬分、深切自責道：「臣整軍東下，本思疾驅出境，乃該逆（太平軍的林紹璋）大舉南犯，臣師屢挫，鄂省危急，不能速援，江南賊氛，不能迅掃，大負聖主盼望殷切之意……請旨將臣交部從重治罪。」對於曾國藩自罪自責的一片苦心，咸豐皇帝並未理解，反而想起了之前曾國藩的「抗旨」之舉，甩手便是一巴掌，使曾國藩好不傷心。咸豐皇帝硃批道：「此奏太不明白！豈已昏憒耶？汝罪固大，總須聽朕處分。豈有自定一拿問之罪？殊覺可笑！想汝是時心搖搖如懸旌，漫無定見也。」於是曾國藩被革去了禮部侍郎之職，被責成為戴罪剿賊。

　　隨後，咸豐皇帝又以株守長沙不主動迎戰的罪名，將湖南提督鮑起豹革職，任命雲南騰越鎮總兵常存為提督，在其未到任前，暫由塔齊布代理。兩個月後，駱秉章參奏常存在長沙守城時畏縮逃避，朝廷改授塔齊布為湖南提督。至此，湘軍在與湖南大吏的長期爭鬥中取得了重大勝利，終於在湖南站穩了腳跟。

　　曾國藩回到長沙以後，咬牙立志徐圖自強。他認真總結了岳州、靖港兩次戰鬥的慘痛教訓，努力克服自己的弱點，為湘軍日後外出作戰累積經驗。在曾國藩看來，湘軍各營在幾次戰鬥中暴露出來的種種弱點中，最主要的是功罪不分、賞罰不明、良莠不別、勇懦不一。因此，他對重新整頓了湘軍的編制。

第一章　戒驕戒躁：內心修養的基石

　　據查，湘軍於岳州大敗時，敢與太平軍進行對抗的，只有彭玉麟一營；湘潭之戰，浴血奮戰的只有塔齊布兩營、楊載福兩營。曾國藩根據兵貴精而不貴多的原則，依據勇於戰鬥的前提，決定士兵的去留。他從明賞罰、嚴軍紀做起，凡潰散之營便不再召集，營哨兵勇一律裁去不用。經過這番整頓和裁撤，留下的僅有水陸兩部五千人。其弟曾國葆也在被裁之列，這對曾國葆的打擊很大，他多年後依然深居簡出，拒見賓客。曾國藩同時決定將王鑫留在湖南，命羅澤南隨其出征；令塔齊布、羅澤南、彭玉麟、楊載福增募新勇，使湘軍人數又增至一萬餘人。曾國藩下令在衡州、湘潭修造船隻。與此同時，除湘軍本身進行的擴充之外，曾國藩還將胡林翼的黔勇增募至兩千，並徵調了登州鎮總兵陳輝龍率領的船隊和廣西候補道員李孟群統率的船隊，共計一千餘人。

　　經過長沙整軍以後，湘軍煥然一新，能戰能守，這與曾國藩努力改正自己的弱點有著極為密切的關係。曾國藩在此後的家書中，提到此事時寫道：「然困心橫慮，正是磨練英雄玉汝於成，李申夫嘗謂余慍氣從不說出，一味忍耐，徐圖自強，因引諺曰『好漢打脫牙和血吞』。此二語是余生平咬牙立志之訣……岳州之敗、靖江之敗……蓋打脫牙之時多矣，無一次不和血吞之……唯有一字不說，咬定牙根，徐圖自強而已。」

　　這就是活生生的曾國藩，這就是堅忍無比的曾國藩，這就是一個「打脫牙，和血吞」的男子漢！

博覽群書，學以致用

曾國藩出身於一個耕讀之家，他的祖父沒有讀過多少書，但壯年悔過，因此對曾國藩的父親督責嚴厲，曾國藩的父親曾麟書雖然長期苦學，但資質有限，直到四十三歲時才補為縣學生員。曾麟書知道自己的能力有限，所以就把期望放到了兒子們身上。曾國藩曾回憶說：「先父……平生苦學，他教授學生，有二十多年。國藩愚笨，從八歲起跟父親在家中私塾學習，早晚講學，十分用心，不懂就讓父親再講一遍，還不懂再講一遍。先父有時與我走在路上，有時把我從床上喚起，反覆問我平時不懂之處，一定要我清楚明白為止。他對待其他的學童也是這樣，後來他教導我的弟弟們也是這樣。他曾經說：『我本來就很愚鈍，教育你們當中愚笨的，也不覺得麻煩、艱難。』」

在這樣的家庭裡，曾國藩九歲時已經讀完了「五經」，十五歲時開始讀《周禮》、《儀禮》，直至能夠背誦，還讀了《史記》、《文選》，這些成為了曾國藩一生的學問基礎。他之所以能少年顯達，究其根源，實在是靠家學的傳授。但是，從根本上來說，曾國藩一生的學問功業，還是基於他自己的發憤苦讀。對曾國藩來說，可以沒有華服，可以沒有佳餚，但是不能沒有書，書是他生命的重要組成部分。

曾國藩在青年時代就酷愛讀書。道光十六年（西元1836年）的會試落第後，他自知欠缺深厚的功力，便立即收拾行裝，搭

第一章　戒驕戒躁：內心修養的基石

乘運河的糧船南下回家。雖然會試落榜，這個「寒門」士子卻眼界大開。他決定利用這次回家的機會，進行一趟江南遊，實現「讀萬卷書，行萬里路」的宏願。

這時，曾國藩身上的盤纏已經所剩無幾。路過睢寧時，他遇到了知縣易作梅。易知縣也是湘鄉人，他與曾國藩的祖父、父親非常熟悉，與曾國藩也相識。他鄉遇故人，易知縣自然要留這位老鄉在他所任職的縣上玩幾天。在交談中，易知縣得知曾國藩會試未中，但從其言談舉止中，看出曾國藩是個非凡之人，前程一定不可限量。易知縣知道曾國藩留京一年多，估計其所帶銀兩肯定所剩無幾，有心幫助曾國藩。當曾國藩開口向易知縣借錢做盤纏時，易知縣慷慨應允，借給曾國藩一百兩銀子，臨別還給了他幾兩散銀。

經過金陵時，曾國藩見金陵書肆十分發達，十分喜愛這個地方，流連忘返。在書肆中，曾國藩看見一部精刻的《二十三史》，愛不釋手。然而一問價格，曾國藩大吃一驚，要一百兩銀子，恰好與他身上所有的錢相當。他下定決心，一定要把這部史書買下來，但書商似乎猜透了他的心思，一點都不肯降價，少一錢也不賣。曾國藩暗自盤算：金陵到湘鄉全是水路，船票已交錢訂好，沿途不再遊玩，省吃儉用，花費將很有限。這時已是初夏，隨身所帶的一些皮袍冬衣，反正也穿不著了，乾脆送去典當，作為旅費勉強夠用。

於是，曾國藩把一時不穿的衣物全部送進了當鋪，毅然把

那部心愛的《二十三史》買了回來。他如獲至寶，心理上得到了極大的滿足。他平生第一次花這麼多錢，就是為了買書。這一舉動，足見曾國藩青年時代志趣的高雅。曾國藩的一生，不愛錢，不聚財，卻愛讀書，愛聚書。

回家以後，父親見曾國藩花了上百兩銀子買回一堆書，不僅沒有責備他，反而鼓勵他說：「爾借錢買書，吾不憚極力為爾彌縫，爾能圈點一遍，則不負我矣。」父親的話對曾國藩發揮了很大作用，從此他閉門不出，發憤讀書，並立下誓言：「嗣後每日點十頁，間斷不孝。」

曾國藩發憤攻讀一年，將這部《二十三史》全部閱讀完畢，爛熟於心，此後便形成了每天點史書十頁的習慣，一生從未間斷。如此這般，在京師會試之後，曾國藩就養成了對古文和歷史的愛好，為以後更深入地研究學術問題，總結歷代統治者的經驗教訓，為參與治理國家和社會打下了基礎。所以，他後來回顧自己的讀書治學過程時說：「及乙未到京後，始有志學詩、古文並作字之法。」

曾國藩在京師任職的時候，正是中國內亂外患交迫之際。曾國藩所關心的，在外有「英夷」，在內有太平天國。所以，他讀書更側重經世致用之學，特別是輿地之學。在閒暇的時候，曾國藩對軍政大計以及各種庶務，透過有選擇性地大量閱讀史籍，盡量詳盡考究現實問題。所以一旦當權，他便能把平時讀書得來的學問拿出來運用。後來，太平天國聲勢大盛，曾國

第一章　戒驕戒躁：內心修養的基石

藩以一書生帶兵，終能鎮滅洪、楊，一般人都引以為異。我們只要知道他十多年的京師生活，十多年京師名流之間的交往互教，十多年堅持不懈地刻苦攻讀經世致用之書籍；知道他是多麼地認真準備應付事變，多麼地關切時務，多麼地虛心研究，便可知道曾國藩的成功絕不是僥倖得來的了。

當時掌理全國政務的六部中，除了戶部之外，曾國藩擔任過禮、吏、兵、刑、工五部的侍郎。為官期間，他對照自己所任各部的工作特點，專心熟讀《通典》和《資治通鑑》，由此洞悉了清代的政情利弊、官場風習、山川形勢和民生疾苦。曾國藩由內閣學士升為禮部右侍郎、署兵部右侍郎時，遍閱清代道光以前歷朝文獻，目睹時局危急而政風頹靡，遂因皇帝下詔求言而先後參照史籍呈上了幾道條列陳述時務的奏疏，展現了他明道經世的抱負。

在曾國藩這個讀書榜樣的示範下，湘軍將帥們則將孔、孟、周、張、程、朱，直到船山的「聖賢學脈」、「儒家道統」作為自己的思想信仰，從傳統文化寶庫中廣搜博取，以求治國用兵之道，為實踐在其軍政上。

正如郭嵩燾所說：「軍興以來，湘人起文學任將帥，肩項相望。一時武健強力，多知折節讀書。軍行所至，聞弦歌之聲。」大批湘軍將領多是從「一介書生」或「布衣寒士」而投筆從戎，從文書、幕僚或中下級軍官，一躍成為統兵作戰、獨當一面的高階將帥，不少人成為巡撫、總督之類的封疆大吏，有的甚至

成為清朝中央政府的尚書、軍機大臣、大學士。

曾國藩之於讀書學習尤為可貴的是,把它作為生命中重要的部分,相伴終生。

同治十年(西元 1871 年),曾國藩的身體可以說一天不如一天。理學修養甚深的他,在一月十七日寫了幾句箴言,警示和鞭策自己讀書不要放鬆。這幾句話是:「禽裡還人,靜由敬出;死中求活,淡極樂生。」他認為「暮年疾病、事變,人人不免」,而讀書則貴在堅持,並在讀書中體會出樂趣。因此,在二月十七日,他自己感到「病甚不支,多睡則略愈」,「夜間,偶探得右腎浮腫,大如雞卵。」這確實是一個危險的訊號,他卻置之不理,晚上照舊讀書不廢。

內聖外王,攘外先安內

曾國藩為自己的「進取」之心找到的理論基礎,就是儒家的「內聖外王」之道。即重視身心修養的系統性訓練,透過這種克己的「內聖」功夫,最終達到治國平天下的目的,同時,他還發揮了儒家的「外王」之道,主張經世致用。「內聖外王」之道的運用貫串了曾國藩的一生。

鴉片戰爭爆發之年,曾國藩就抱有「早絕天驕蕩海氛」的胸懷,但當時他不過是一個窮翰林,就算想成就一番事業,又有

第一章 戒驕戒躁：內心修養的基石

什麼力量！他作了兩首〈感春〉，在這兩首詩中充分表達了他的這種「外王」的思想，詩中寫道：

蕩蕩青天不可上，天門雙螭勢吞象。
豺狼虎豹守九關，齦齒磨牙誰敢仰。
群鳥啞啞叫紫宸，惜哉翅短難長往。
一朝孤鳳鳴雲中，震斷九州無凡響。
丹心爛漫開瑤池，碧血淋漓染仙仗。
要令惡鳥變音聲，坐看哀鴻同長養。
上有日月照精誠，旁有鬼神瞰高朗。
太華山頂一虯松，萬齡千代無人蹤。
夜半霹靂從天下，巨木飛送清渭東。
橫臥江干徑十里，盤坳上有層雲封。
長安梓人駭一見，天子正造咸陽宮。
大斧長繩立挽致，來牛去馬填坑谼。
虹梁百圍飾玉帶，螭柱萬石撼金鐘。
莫言儒生終齷齪，萬一雄卵變蛟龍。

詩中大有豪氣縱橫不可一世之概，是曾國藩自己的真實寫照。鳳鳴雲中，震斷九州，松生太華，飛送清渭，丹心瑤池，螭柱金鐘，這才是儒生非凡的事業。從另一個方面來說，曾國藩似乎也清楚地明白他的滿腔熱情在當時的環境中絕不容易實現，只能像孤鳳虯松一樣待時而動。

這種「外王」思想所顯露出來的挺拔、自尊之性，也使曾國藩對侵略者深感蔑視。在第一次鴉片戰爭時期，曾國藩就認為朝廷訂立《南京條約》，是「以大事小，樂天之道，孰不以為上策哉」。從咸豐三年（西元1853年）冬到次年春，曾國藩在籌辦湘軍水師時，特別重視購買西式火炮為湘軍水師增添裝備。長沙整軍後，湘軍水師擁有西式火炮千門以上。

在《北京條約》訂立後，奕訢提出「借洋兵助剿」時，咸豐皇帝命令東南沿海各省督撫都就此發表看法。時任兩江總督的曾國藩實際上反對「借洋兵助剿」，只是不好直接提出，於是表示原則上贊同，不過必須在事前做好準備，和西方人把一切說清楚，以免日後再有糾葛。現在這些準備工作還沒做好，「借洋兵助剿」的時機尚未成熟。曾國藩相當熟悉朝廷內部矛盾鬥爭的形勢，他的奏摺既以「獎則允之，示以和好而無猜」的說法，表達了自己的願望，支持了洋務派奕訢「借洋兵助剿」的建議，又以「緩其師期」，敷衍了朝中當權的載垣、肅順等人。這些都是他從「外王」精神出發所提出的。

後來，即使在迫不得以執行「借洋兵助剿」的君命與「洋兵」共同剿殺太平軍時，曾國藩的骨子裡也始終有「外王」的意識存在，對英軍、法軍始終有極強的戒備心理。

同治元年（西元1861年），李秀成奉命進攻上海，英軍、法軍等悍然宣布「保衛」上海周圍百里以內之地。「洋兵」參戰已成定局，於是曾國藩指示李鴻章說：「會防上海則可，會剿它處則

第一章　戒驕戒躁：內心修養的基石

不可，近而嘉定、金（金山）、南（南匯），遠而蘇、常、金陵，皆它處也，皆腹地也。」

　　為了在實質上實現「外王」的精神，真正顯示出「同類中我最強」的意識，曾國藩「師夷長技以制夷」，用西式槍枝及火炮裝備起清朝第一支準近代軍隊。

　　曾國藩從籌組湘軍開始，就考慮到部隊的武器裝備問題。戰爭的勝負不完全取決於武器的鋒利與否，但戰爭不能沒有武器，有鋒利的武器更好，這是人盡皆知的常識。所以，曾國藩堅持湘軍必須配備大量西式火炮。湘軍水師正是憑藉西式火炮的猛烈火力，在咸豐四年（西元1854年）秋大破太平軍水師並攻陷武昌的。湘軍這次的勝利，更讓曾國藩堅信使用西方火器的重要性。既然要購買西式槍枝及火炮，就牽涉到容許中外通商的問題；既要試造船炮，又牽涉到「開放」，即進口外國機器的問題。曾國藩提出的新觀點涉及層面很廣，問題很多，但是在「內聖外王」思想的引領下，曾國藩還是大膽地開始實踐。

第二章

慧眼識人：用才之道有祕法

第二章　慧眼識人：用才之道有祕法

知人識人，考察為本

用人恰不恰當，關鍵在於對人才的掌握是否準確。曾國藩知人識人的能力很高，就連對手石達開也說曾國藩雖然不擅長打仗，但在策略謀畫和選拔人才方面幾乎沒有什麼漏洞，薛福成也說曾國藩「知人之鑑，超軼古今。或邂逅於風塵之中，一見以為偉器；或物色於形跡之表，確然許為異才」。

咸豐八年（西元1858年），曾國藩率湘軍收復了九江，這對李鴻章來說，真是一劑強烈的興奮劑。倒不是因為湘軍的這點勝利對他有多少鼓舞，而是因為湘軍統帥曾國藩與他有師生關係。李鴻章認為他一旦投奔湘軍，曾國藩一定會對他另眼相看，予以重用，於是就離開了鎮江，晝伏夜行，抄近路，避村舍，繞過太平軍的營地，趕往九江，投奔曾國藩，希望能夠得到曾國藩的重用。

然而，事情並不像李鴻章想像的那麼順利。李鴻章滿懷希望地趕到九江後，曾國藩藉口軍務太忙沒有見他。李鴻章以為曾國藩只是一時忙碌，幾天之內一定會召見自己，誰知他閒來無事過了一個月，卻沒有得到一點接見他的傳訊，頓時心急火燎，如同熱鍋上的螞蟻。

李鴻章得知與自己有同年之誼的道光丁未科進士陳鼐在曾國藩幕府中，陳鼐也任過翰林院庶吉士，與自己又是同僚，就請他去打探曾國藩的意圖。

既然李鴻章是曾國藩的得意門生,那曾國藩為什麼要如此冷落他呢?這實在令人費解,陳鼐也不明白,便問曾國藩:「少荃(李鴻章)與老師有門牆之誼,往昔相處,老師對他甚為器重。現在他願意藉助老師之力,在老師門下進行磨練,老師何以要拒之千里呢?」

曾國藩冷冷地回答說:「少荃是翰林,了不起啊!志大才高。我這裡的潺潺溪流恐怕承載不了他這樣的巨艦,他何不回京謀個好差事呢!」陳鼐為李鴻章辯解說:「這些年少荃經歷了許多挫折和磨難,已不同於往日少年意氣了。老師不妨收留他,試一試他,再決定留與不留。」曾國藩這才點了點頭,就這樣,李鴻章終於進了曾國藩的幕府。

其實,曾國藩並不是不想接納李鴻章,而是知道李鴻章心高氣傲,如果不磨掉他的銳氣,磨平他的稜角,將不利於他的成長。這大概就是曾國藩培養學生的一番苦心吧!李鴻章進入曾國藩的幕府後,曾國藩果然又刻意對李鴻章的稜角進行打磨,使他的銳氣和傲氣消減了大半,最終成為晚清政府繼曾國藩之後的一大棟梁。

在識人方面,曾國藩總是先透過與人對談,聽對方的陳述,然後給予他一道評語。後來有記載說他從來沒有看錯過人,甚至某個人能夠發展到怎樣的程度,他都能透過對談總結出來。

道光二十四年(西元1844年),郭嵩燾帶江忠源來到曾國藩的寓所。這是曾國藩第一次見江忠源,三人談得十分高興。事

第二章　慧眼識人：用才之道有祕法

後曾國藩對郭嵩燾談起他對江忠源的看法，說「生平未見如此人」，過了沒多久又說此人「當立名天下，然終以節烈死」。江忠源是湖南新寧人，字常孺，號岷樵，早年是個喜愛邪行的風流蕩子，後來改邪歸正，為人極講信義。在京城參加會試時，他曾兩次護送友人靈柩回原籍，不畏千里長途、雨露風霜，善始善終。金田起義發生時，奉命以欽差大臣督辦廣西軍務的賽尚阿請江忠源贊襄軍務。於是，江忠源在新寧募勇五百，號為「楚勇」。咸豐二年（西元1852年）四月，太平軍攻下全州，乘湘水上漲之際，從水路進入湖南。江忠源率楚勇趕到全州蓑衣渡，伐木作堰，橫江攔斷，使太平軍在蓑衣渡一戰損失慘重，船隻幾乎全部被焚毀，南王馮雲山中炮陣亡。這一仗是朝廷與太平軍作戰以來所取得的第一場大勝利，使得江忠源之名傳遍全國，可謂「立名天下」。而在太平軍進攻廬州時，江忠源兵敗投水自殺，可謂「以節烈死」。

曾國藩任兩江總督時，有人向他推薦了陳蘭彬、劉錫鴻兩人。這兩人頗有文才，曾國藩見過之後對人說：「劉生滿臉不平之氣，恐不保善終。陳生穩重一些，可官至三、四品，但不會有大作為。」

後來，劉錫鴻作為副使，隨郭嵩燾出使外國，對思想開明的郭嵩燾事事看不慣，因而經常寫信告郭嵩燾的狀，說郭嵩燾與外國人往來密切，「辱國實甚」。郭嵩燾也寫信回來告狀，說劉錫鴻偷了外國人的手錶。李鴻章便將劉錫鴻撤了回來，以後

不再設副使。劉錫鴻心中十分怨懟，上疏朝廷列舉李鴻章有十可殺大罪，當時朝廷倚重李鴻章施行外交事宜，所以對他的上疏不予理會。劉錫鴻更加氣憤難平，經常出言不遜，導致親友們都對他敬而遠之。他設宴請客，竟沒有一個人赴宴，不久就憂鬱而死。而陳蘭彬後來果真官至三品，但他為人過於耿直，終究無法大有建樹。

曾國藩對部下的評價都十分準確。朝廷用他推薦的人，有的做封疆大吏，有的做一般官員，他們遍布全國，人數眾多，都沒有辜負曾國藩的薦舉。如他保舉塔齊布時說「將來如打仗不力，臣甘同罪」；說左宗棠「取勢甚遠，審機甚微」，「才可獨當一面」；說李鴻章「才大心細，勁氣內斂」；說沈葆楨「器識才略，實堪大用」；稱李、沈二人「並堪膺封疆之寄」，這些評價在後來都得到了驗證。

曾國藩在談到用人時曾經說，要廣收、慎用。的確，對於人才的運用，曾國藩是很謹慎的。為了掌握人才的基本情況，曾國藩十分強調對人才的考察，認為考察是用人的基礎。對於前來投效的人，曾國藩認為可用的，就先發給少許薪資，把他們安頓在幕府，然後親自接見，暗中觀察。等到認為有深入了解，確實有把握的時候，再根據實際情況，保以官職，委以重任。對於那些他認為可以發揮大用的人，考察就更細緻，時間也更長。

鮑超是湘軍名將，勇猛精幹，膽略過人，在湘軍中與多隆

第二章　慧眼識人：用才之道有祕法

阿齊名，軍中稱為「多龍鮑虎」。他本來是胡林翼的舊部，後來由鄉人李申甫推薦給曾國藩。一開始曾國藩只交給鮑超兩營人馬，鮑超嫌少，對李申甫說：「過去潤帥（指胡林翼）待我推心置腹，比起對待其他將佐都要另眼相看。兵若干，餉若干，凡我請示的事情，從來就沒有不准的。我有戰功，潤帥就馬上賞賜；我有疾病，潤帥就馬上送來醫藥。我沒有衣甲，潤帥解下自己的衣甲給我穿；我缺戰馬，潤帥將自己的馬給我騎。因此我對他十分感激，願意為他效力，所奔赴的戰場亦往往克捷。現在的曾大帥，比不上潤帥待人誠懇。而且就給我兩營的兵力，哪裡夠我運用呢。請您趕緊為我寫一份諮文，就說我仍願意歸潤帥指揮。」

李申甫好言相勸，並將鮑超的不滿告訴了曾國藩。曾國藩說：「鮑超尚無尺寸之功，怎麼能現在就嫌兵少呢？姑且先率兩營，待稍建功勞，十倍於此的兵力，我也沒有什麼捨不得的。」李申甫再三為鮑超求情，曾國藩才勉強加了一營。李申甫回來後對鮑超說：「曾大帥待人，未必不如胡潤公，你剛來還不了解情況，還是耐心等待一段時間再說吧！」於是，鮑超默然退下。

第二天，曾國藩請鮑超吃飯，並請他坐了上座。曾國藩喜歡吃豬肚，宴客時肯定有這樣一道菜，其餘的無非是雞鴨魚肉之類。席間，鮑超屢屢說給自己的兵太少，曾國藩卻說：「今天我們喝個痛快，不要談論兵事。」便舉起酒杯勸酒。於是，鮑超再也沒有機會發牢騷。退下之後，鮑超對李申甫說：「潤

帥請我吃飯,向來都是十分豐盛,這並非是為了口腹之欲,而是表示禮重。今天卻以豬肚下酒,這哪裡是養賢之禮?曾帥跟我說話,又不讓我說完。我只不過是一介武夫而已,怎麼能忍耐這種生活?請先生趕緊給我寫一份諮文,我願意仍歸潤帥指揮!」

李申甫極力相勸,鮑超仍然鬱鬱不平。不久太平軍大舉進攻,曾國藩派鮑超前去增援,結果大勝而歸,曾國藩立即給他加了數營的兵力。鮑超這才不再說離去的事,曾國藩也開始倚重他。

由於曾國藩特別重視對人才的考察,所以他對於人才的特點也總是瞭如指掌,這就保證了他用人一般不會出現問題。

求賢若渴,廣納良才

人才無求於天下,天下當自求人才。用人者必須主動、積極、迅速,才能求得眾多人才。曾國藩指出,求取人才,須「如鷙鳥猛獸之求食,如商賈之求財」,甚至要求「須以白圭之治生,如鷹隼之擊物,不得不休」。

白圭是戰國時著名的商人,以賤買貴賣成名。他善於掌握賺錢的時機,就如同猛禽獵取食物一樣迅速,自稱「吾治生產,猶伊尹、呂尚之謀,孫吳用兵,商鞅行法是也」。他的這一套生

第二章　慧眼識人：用才之道有祕法

財之術引起當時天下商人的效法。曾國藩認為，求才也要像白圭經營生意一樣積極、主動、迅速，一旦看準，就要像鷹隼捕獵一樣迅速，不惜任何代價，不達目的絕不罷休。只有這樣，才能得到真正的良才。

曾國藩對郭氏三兄弟嵩燾、崑燾、崙燾的評價很高，說「論學問則嵩燾第一，論才華則崙燾第一，二弟崑燾則皆居其中。」許多人都想將郭崑燾招至自己幕下，但郭崑燾極愛他的妻子，一天也不願遠離，因而總是力辭不就。

曾國藩也非常賞識郭崑燾的才華，為了把他招到自己的幕下，特意寫了一封信，信中說：「知公麋鹿之性，不堪束縛，請屈尊暫臨，奉商一切。並偕仙眷同行，當飭人掃榻以俟。」郭崑燾出於對曾國藩的敬重，收到書信後便來到了湘軍幕中，卻沒有攜帶妻子同行，曾國藩便命他速歸，並作書說：「燕雁有待飛之候，鴛鴦無獨宿之時，此亦事之可行者也。」郭崑燾接受了曾國藩的邀請，決心出來幫助曾國藩，並很快成了曾國藩的得力助手。曾國藩很多奏摺函件，都是由郭崑燾代筆的。曾國藩對郭崑燾也十分關心，或准他的假讓他多回家，或是命人將他妻子接來，以使他們夫妻團聚。

同時，曾國藩還十分重視人才的互相吸引。他說求才「又如蚨之有母，雉之有媒，以類相求，以氣相引，庶幾得一而可得其餘」。物以類聚，人以群分。曾國藩以青蚨母子相依不離，家雉能招來野雉，比喻在求才時須注重人才的互相吸引，使之結

伴而來，接踵而至，收「得一而可得其餘」之效。曾國藩的幕府中經人推薦入幕的人很多，方宗誠、陳艾都是吳廷棟推薦的，吳汝綸是方宗誠推薦的，凌煥是劉星房推薦的，趙烈文是周騰虎推薦的，李善蘭是郭嵩燾推薦的，李善蘭又薦張文虎入幕，容閎則是李善蘭、張斯桂、趙烈文三人推薦的。

終其一生，曾國藩始終把網羅人才作為成就大事的第一要義。他在長沙求學期間，與郭嵩燾、劉蓉交往情誼深厚。任京官時，曾國藩以文會友，除了師從理學名家唐鑑、倭仁外，又結交了吳廷棟、竇蘭泉、馮樹堂、邵蕙西等友人，他們後來都成為他幕府中的重要人物。也有不少人慕名而來，主動與曾國藩結交。他記載道：「又有王少鶴、朱廉甫、吳莘畬、龐作人，此四君者，皆聞予名而先來拜。雖所造有淺深，要皆有志之士，不甘居於庸碌者也。」湘軍重要將領江忠源及文士吳敏樹也是曾國藩在京城結識的。他在禮部主持複試時，因欣賞「花落春仍在」的詩句而提拔了俞樾，又在朝考閱卷時看中了陳士傑。後來，他們都在曾國藩建立「事業」時，貢獻了很大的力量。

在編練湘軍的時候，曾國藩更意識到了人才的重要性，因而時時謀府縣、託朋友為他留意人才，有可用之人要立即向他推薦。一時間山野有志之士，都知道曾國藩有招人的誠心，即使不前去投奔效力，也都說曾國藩其人可以與之共事。而曾國藩每逢有人來拜見時，總是虛心聽取來人的建議，可以重用者很快就予以施行；不可以用的，也不加以責怪。所以人人都願

第二章　慧眼識人：用才之道有祕法

意為曾國藩效力，一時中興人才，皆出於曾門。

曾國藩率軍「東征」時，即號召廣大士人奮起捍衛孔孟之道，反對太平天國，盛情邀請「抱道君子」加入他的幕府。以後行軍打仗，每到一地他都要廣為訪察，凡是具有一技之長的人，一定要想辦法招攬到自己的幕府當中，收為己用。一旦聽說有德才兼備的人，他更是不惜重金，馳書禮聘。如果其人因為戰爭而流離失所，去向不明，他則具摺奏請，要求各省督撫代為查明，遣送來營。他與人通信、交談，「亦殷殷以人才相詢，懇懇以薦才相托」，聽說人家得到一個人才就羨慕不已，自己得到一個人才就喜不自勝，於是「愛才」之名傳播四方，各種人才也紛紛投其麾下，入其幕府。

幕僚容閎追述湘軍安慶大營的情況時說：「當時各處軍官，聚於曾文正之大營中者不下二百人，大半皆懷其目的而來。」及曾國藩任兩江總督時，「總督幕府中，亦有百人左右。幕府外更有候補之官員，懷才之士子……無不畢集。」李鼎芳在《曾國藩及其幕府人物》一書中的「幕府人物總表」中陳列了八十九人。

曾國藩用人，猶如在經學上不存漢、宋門戶之見一樣，官員鄉紳並重，江南江北並舉。在他的八十九位幕僚中，就籍貫而言，湖南籍二十一人，約占百分之二十三，屬第一位；江蘇籍十七人，占第二位；安徽籍十六人，占第三位；浙江籍十人，占第四位；其餘四川、貴州、廣東、湖北、江西諸省無不有人入幕。其人員分布，共達九省。就出身而言，上至進士、

舉人,下至諸生、布衣,階級不一,均為座上之客。就人脈關係而言,既有曾國藩的同窗同年、鄉親故舊,也有他的門生弟子,還有一些則「識拔於風塵」。

就特長或職業而言,其突破了古代幕府中幕僚多為處理文書、刑名、錢糧的「實務性」框架,更多的是出謀劃策、從容諷議、招勇領軍、指點州牧的「政務性」人員。

此外,「凡法律、算學、天文、機器等專門家,無不畢集」,而且「於軍旅、史治外,別有二派:曰道學,曰名士。道學派為何慎修、程鴻誥、塗宗瀛、倪文蔚、甘紹盤、方某諸人;名士派為莫友芝、張裕釗、李鴻裔諸人」。

雖有如此多的人才,但曾國藩在任兩江總督之後,仍感到人才匱乏,遂更加急切地想解決人才的聚集、培養、選拔、運用等問題。他經常與人討論人才問題,虛心求教自己在用人問題上的缺失。當他發現自己不如胡林翼對士人更有吸引力,不少人願投胡林翼處而不願跟他做事時,立即改弦更張,與之展開一場廣攬人才的競爭。他在給胡林翼的信中說:「臺端如高山大澤,魚龍寶藏薈萃其中,不覺令人生妒也。」又說:「莊子云:『以天下為之籠,則雀無所逃。』閣下以一省為籠,又網羅鄰封賢俊,尚有乏才之嘆。鄙人僅以營盤為籠,則雀且遠引高翔矣。」

為了增強對人才的吸引力,以免因自己一時言行不慎或處事不當而失去有用之才,曾國藩盡力避免用人唯親之弊。曾國藩當年進京趕考時,家裡沒有錢做盤纏,是他五舅變賣了家產,才

第二章　慧眼識人：用才之道有祕法

把盤纏湊足了。這份雪中送炭的情義，曾國藩始終銘記於心。在朝中做官後，曾國藩每年都要寄些銀兩，接濟貧困好心的五舅，以報答當年的恩情。五舅過世後，他的兒子江慶才前來投奔曾國藩。已任兩江總督的曾國藩對江慶才十分上心，親自幫他安排了事做。可是，這個表弟性情懶散，又沒有真才實學，交給他的事情總是失敗收場，而且還到處宣揚自己是總督的表弟。曾國藩對他十分失望，儘管他的父親生前對自己有過大恩，但還是堅決讓他回鄉了。

曾國藩認為：「牛驥同槽，庸傑不分，必然使英雄氣短，才士齒寒。」對於前來投奔的，只要有一技之長，他適才運用，不加拒絕，但對無能之輩、庸碌之徒絕不收留。同時，曾國藩告誡自己：「不敢惡規諫之言，不敢懷偷安之念，不敢妒忌賢能，不敢排斥異己，庶幾藉此微誠，少補於拙。」從曾國藩一生的實踐來看，他基本上做到了以上幾點。曾國藩的求才之誠，能與之並肩者極為稀少。因而他身邊聚集了一大批各類人才，其幕府之盛，自古罕見。事實證明，他招攬和聚集人才的方法是非常高明的，從而為他的常盛不衰奠定了扎實的基礎。

選人才，不拘一格

曾國藩重視人才，在攬求人才方面，他一向反對以出身、資歷衡量人。他引用歷史上的例子說：漢代的大將軍衛青年輕

時做過奴隸，後來卻位極人臣，娶了高貴的公主為妻。現在這種時期，又怎麼能用平常的框架來束縛人才呢？當今社會不是沒有人才，而是有待人們蒐羅、發現而已。人才就是這樣的，如果沒有人在乎，就會被遺棄在社會的下層之中，有人求才，就可以為國家所用。像薛福成、塔齊布、羅澤南、李續賓、李續宜、王鑫、楊載福、彭玉麟、李世忠、陳國瑞等人，有的出身秀才，有的出身農夫，有的出身行伍，有的出身土匪，有的出身叛將，曾國藩對他們都能以誠相待，使他們的長處得到充分的發揮。

人非聖賢，才無全才。百長並集、一短難容的完人，只是後人的追崇之詞，現實中根本就不存在。曾國藩認為選拔人才眼光不可以太高，凡有一技之長者都不可輕視，不能因為有一點腐朽的地方，就捨棄了幾人合抱粗的大樹，所以也不能因為有一點小毛病而將有用之才棄而不用，如果對於特立獨行之士過於苛求，那麼平庸的人反而會僥倖地被保留下來。對於前來求見、獻計、獻策者，不論貴賤，他都以禮相待。因此山野中的有才有志之士深感其知遇之恩，紛紛前來投奔，一時間曾營人才濟濟。

晚清史上以興辦洋務聞名於世的薛福成，起初只是江蘇無錫地方的一個落第秀才。同治四年（西元 1865 年），薛福成將自己治理兩江的策論寫成〈上曾侯書〉呈給曾國藩，書中洋洋萬言，陳述切中弊害的八項建議，同時附有八項實行措施。曾國

第二章　慧眼識人：用才之道有祕法

藩頗為欣賞，當即召見。交談間，曾國藩發現此人滿腔抱負，胸懷改革國家內政外交的才略，便將其召入幕府，加以重用。薛福成後來成為駐英、法、義、比四國大臣，他所撰寫的政論、文書被世人所認可。

曾國藩打破資格限制，破格提拔許多具有真才實學而品德又好的人才，讓其擔當重任。湘軍中許多優秀的將領就是由他破格提拔上來的。如湘軍水師將領楊載福和彭玉麟，就是曾國藩於咸豐三年（西元1853年）下半年在衡州練兵期間，分別從行伍和稟生中提拔上來的。他們二人都富有軍事才能，一個「智膽超群，秉性忠直」又「口不言功」，一個「任事勇敢，勵志清苦，實有烈士之風」，都很符合曾國藩對「德」的要求，故曾國藩把他們從無名之輩提拔到水師統領的高位上。此二人也沒有辜負曾國藩的重託，在後來建立和發展湘軍水師、指揮湘軍水師作戰上，都發揮了關鍵的作用。

對曾國藩而言，揀選人才的目的有兩個：一是希望所納的人才能傾盡所學，為國家和百姓做出實質上的貢獻；二是招攬一批賢德之士彌補自己工作中的疏漏。這樣才能讓自己立於不敗之地。不管曾國藩的目的是什麼，他這種打破常規選拔人才的做法，的確令人感嘆佩服。曾國藩為何能夠如此，只因其目光高遠，深謀遠慮，深明人才乃國之棟梁這一道理。

忠義血性

　　選人不可眼光太高，並不表示曾國藩選人的標準就低。曾國藩認為，想要成就大事，最需要的是有血性的人。

　　在實際的用人中，不論是選拔軍官，還是應徵幕僚，曾國藩都認為是否具有忠義血性是辨識人才高低的重要條件。在選用人才上，曾國藩提出了四個標準：第一要有治民之才，第二要不怕死，第三要名利心不強，第四要能吃苦。曾國藩又強調這四者的關鍵，首先在於必須有「忠義血性」。他說：「大致說來，只要有了忠義血性，那麼這四個條件就都會具備；沒有忠義血性，雖然貌似具備了這四個條件，終究也是不可靠的。」可見曾國藩對忠義血性的重視程度。

　　曾國藩任用鮑超，就是重視「忠義血性」的例子，而鮑超救江忠源的事恰好展現了這一點。

　　江忠源領兵去救太湖時，陷入太平軍軍師錢江設計的圈套中。

　　太平軍占領安慶後，錢江命令清軍俘虜脫下號衣，讓一批太平軍戰士穿上，在李世賢的率領下，偽裝成清軍部隊。然後，這支太平軍打著清軍的旗號，朝著潛江出發。

　　當晚，這支「清軍」便抵達潛江城下，朝城內守軍大喊道：「安慶失守，蔣巡撫殺出重圍，要與江忠源將軍會合，同保廬州！」

第二章　慧眼識人：用才之道有祕法

江忠源聽聞此消息後，急忙登上城樓觀望，認出是清軍旗號，便命令軍士打開城門，吩咐只讓城外部隊的首領進城，其餘軍士在城外等候。可是，城門一開，太平軍就衝殺進來。由於守軍沒有絲毫防備，無法抵擋太平軍的攻勢，從而導致城中陷入混亂。

江忠源率領守軍在混亂中奮力拚搏，終於殺出一條血路，丟棄潛江，朝著桐城方向奔去。然而，剩餘軍士已經不足一萬人。

將近天明時，江忠源策馬奔到青草橋，但眼前是一條河，湘軍已經無路可逃了。這時候，江忠源料定自己難逃一死，又想到自己在潛江中計兵敗的事情，頓時羞憤難當，打算拔劍自刎。

正在此時，後軍步兵隊伍中躍出一員大將，飛身來到江忠源身邊，一把奪過江忠源手中的利劍，扔到地上，這個營救江忠源的人就是鮑超。

江忠源脫險之後，對這位勇猛的湘軍將領說道：「若非將軍相救，江某今日死無葬身之地了。大恩不可不報，大才不可不拔，江某當奏知朝廷，破格錄用。」江忠源到達桐城，立即寫奏章自貶，並請求獎賞擢拔鮑超。

咸豐四年（西元 1854 年），鮑超入湘軍水師，任哨長。攻克武昌後，鮑超被升為參將，改領陸軍，解曾國藩祁門之危，後官至湖南提督，成為曾國藩帳下不可或缺的一員猛將。

鮑超不識文墨，僅認得自己的姓名，但作戰勇敢，帶兵有方，其憨直性格更令曾國藩喜愛。有一次，鮑超孤軍被困在九江之中，派人向曾國藩求救，叫文書寫信，很長時間還沒有寫完。鮑超急得大跳而起，說：「現在都什麼時候了，還在那裡咬文嚼字。」遂令親兵拿來一塊白麻，自己握著毛筆，於白麻上大書一個「鮑」字，在四周點無數個小點將「鮑」字圈住，摺好後派人立刻送出去。眾人都不解其意，曾國藩看後大笑說：「老鮑被敵軍圍住了！」於是派出援軍支援鮑超。

塔齊布也是以忠義血性被曾國藩看好並提拔的。塔齊布，托爾佳氏，滿洲鑲黃旗人。咸豐三年（西元1853年）曾國藩在長沙練湘軍時，塔齊布還只是個綠營守備，後升為游擊署參將，率兵與湘軍一起操練。曾國藩見他每次都早早到場，「執旗指揮，雖甚雨，矗立無惰容」。曾國藩用戚繼光法訓練士卒，每次檢閱步卒，塔齊布都穿著短衣，腳插短刀侍立一旁。曾國藩對這位身材高大、面帶赤紅的滿族軍官感到很好奇，與之相談後，大為讚賞。曾國藩又到他轄下的軍中檢查，見其訓練精嚴，且能團結士卒，退而嘆息──綠營兵中這樣的人已是鳳毛麟角，因此更加敬佩塔齊布。但副將清德卻忌恨塔齊布的才勇，常在提督鮑起豹的面前講塔齊布的壞話，提督也不分青紅皂白，多次羞辱塔齊布。於是，曾國藩上疏彈劾副將清德，舉薦塔齊布忠勇可大用，並說若塔齊布以後有臨陣退縮之事，即將他一併治罪。

後來，塔齊布在湘潭之戰、岳州之戰、小池口之戰和武昌

第二章　慧眼識人：用才之道有祕法

之戰等湘軍前期幾次重大惡戰中，都表現出超凡的勇武，尤其因在被稱為「湘軍初興第一奇捷」的湘潭之戰中，立下了大功而被提升為提督。而湘潭之戰是一場關鍵戰役，這次勝利在相當程度上關係到湘軍的崛起。

在「忠義血性」的驅使下，曾國藩的湘軍確實表現出了異於此前任何一支軍隊的凶悍。《中興將帥別傳》說曾國藩「履危瀕死屢矣，有百折不撓之志」，胡林翼「雖挫而其氣彌厲」，江忠源「每戰親臨陣，踔厲風發」，羅澤南和他的弟子們「以滅賊自任，忠義憤發，雖敗猶榮」。這些平時誦讀聖賢之書的書生，關鍵時刻竟然表現得如此凶悍，與所謂的「忠義血性」的刺激有很大的關係。

用人所長，避人之短

俗話說：尺有所短，寸有所長。一個人的能力再全面，也會有其所不能之處；一個人無論多麼平庸，也總有其特長。只有那些善於用人之長以補己之短的人，才能成就大事業。曾國藩認為一個人的能力是有限的，只有藉助人力為我所用才能成功。對於人才，無論其性情如何，只要有利於事情順利完成，就要為我所用，不論其出身，不論其所從事職業，甚至其品德也可以不考慮。因為人才是多方面的，盲人的聽力好，聾啞人士的手勢打得逼真，這是常理。人有這一方面的缺點就會有另一方

面的特長。

不同的人才各有不同的特長。曾國藩曾經說：「即使有好的藥物，如果不對病症，還不如一般的藥。雖然有賢才，如果工作時不能充分發揮他的特長，就不如普通人。質地好的木梁可以衝開城門，卻不可以用它去堵洞穴；強壯的水牛不可以去捕捉老鼠；駿馬也不可以用來看守家門；用價值千金的寶劍來砍柴，不如斧頭好用；用三國時的寶鼎開墾荒田，還不如用犁。在特定的時間點，面臨特定的事情，普通人也可以發揮神奇的作用。如果分辨不清就將一事無成。因此說世上不害怕沒有人才，怕的是用人者不知道如何正確地運用人才。」

曾國藩的這段話說得非常好。確實，世界上的一切事物都是既有長處，也有短處。人本身也是一個長與短的綜合體，都是優點和缺點同在，長處與短處並存。有這樣一句俗話：「垃圾是沒有被利用的財富，而庸人是放錯位置的人才。」這句話是很有道理的。對於用人者來說，要根據人才的不同特點，採取不同的運用方式，以充分發揮人才的作用。

為了使人才的才華能夠得到充分發揮，曾國藩十分重視下屬與幕僚的工作安排。對於擅長治軍的，就安排到營務處，使其歷練軍務，以做他日將才之備；對於精於計算的，便安置到糧臺、轉運局、籌餉局等位置，使其學習籌餉、理財、運輸等工作；對於善於發明創造的，便安排其到製造局，參加造艦製炮的工作。

第二章　慧眼識人：用才之道有祕法

總之，務必使人人能盡其用、盡其才。例如，鮑超勇猛善戰，是將才但不是帥才，因而在作戰中，曾國藩常讓他衝鋒陷陣，卻不讓他獨當一面，以免出問題。

由於曾國藩適才適用，成就了很多人才，如李善蘭、華衡芳、徐壽成為了當時著名的自然科學家，俞樾成為了著名的經學家，左宗棠在後來平定新疆阿古柏叛亂中建立了不朽功勳，郭嵩燾成為中國首任駐外大臣，薛福成曾出使英、法、義、比四國，容閎成為洋務運動的核心人才等。

曾國藩雖然善於用人，但智者千慮，必有一失，他在這方面曾有深刻的教訓。在曾國藩的心腹幕僚中，除郭嵩燾、劉蓉外，資歷最老的就是李元度了。尤其是在曾國藩幾次遭受打擊的時候，只有李元度矢志不渝，與曾國藩同舟共濟。李元度的這種支持和忠誠，對於長期處於逆境中的曾國藩來說，是比什麼都重要的，因而曾國藩經常在書信中對李元度說一些感激的話。

李元度才華橫溢，學識豐富，下筆千言。對他所著的《國朝先正事略》，曾國藩評價此書是當時的學者沒有其他人能寫出的鉅著，一定會風行海內，傳之不朽。李元度還擅長吟詩作對，有「神對李」之稱。雖然他有如此的才華，但是卻不善於帶兵。曾國藩認為李元度是一位忠誠信義的君子，是特別可以信賴的部下，所以儘管李元度不擅打仗，曾國藩仍然對他十分偏袒。

咸豐十年（西元1860年）的時候，曾國藩做出了一個讓他後悔終生的決定——讓李元度守徽州。對於李元度的缺點，曾

國藩很清楚,所以他一再叮囑李元度遇到太平軍攻城時,只可固守不可出城決戰,並且說:「你只要不出來應戰,就肯定能守住五天;只要你守住五天,就算完成了任務。」但是,急於立功的李元度卻主動出城向太平軍挑戰。當曾國藩又加派了兵力前往增援時,李元度竟然讓一天走了一百二十里的援軍,立即出隊與太平軍交戰。太平軍針對李元度急於求戰的心理,故意避而不戰,李元度於是更加狂妄,結果中了埋伏,大敗而歸。太平軍隨即大舉進攻徽州,李元度卻仍不記取教訓,輕率地開了城門,要與太平軍決一死戰,其結局自然是一敗塗地。徽州城只守了一天,便宣告失守,這就使曾國藩的大營直接暴露在了太平軍的兵鋒之下。曾國藩趕緊請了李續宜帶兵增援,這才穩住了陣腳。

李元度敗得如此悽慘,曾國藩不得不將他彈劾革職。事後曾國藩自己也十分後悔,認為是由於自己用人不當,才害了李元度的一世英名。由此可見,將人才放在正確的位置上,使其充分發揮自己的特長,也是對人才負責任的表現。

唯才是用,是用人的根本。世間事物有萬種,做事之人也有萬種。不論是賢才還是三教九流之徒,只要能為我所用,就能派上用場。「天生我才必有用」,任何一個人再怎麼無能也必有一點可取之處,集眾人之長,採眾人之優,則無所不能,百戰百勝。

第二章　慧眼識人：用才之道有祕法

以誠待人

曾國藩初辦團練時，手中無一兵一卒，腳下無一寸土地，雖然是個京官，實際上等於一個普通鄉紳。而當時在湖南，江忠源的楚勇、羅澤南的湘勇，已經各有一定的勢力。可是，最終是曾國藩成為了他們的精神領袖，協調各部隊的行動。江忠源戰死後，接領其部隊的劉長佑、蕭啟江等；羅澤南戰死後，接領其部隊的李續賓、李續宜、蔣益澧等，也都接受曾國藩的指揮安排。在逐漸發展的過程中，一些非湘籍將領也陸續來到曾國藩身邊，如吉林人塔齊布、蒙古人多隆阿、河南人李孟群、廣東人褚汝航、四川人鮑超、福建人沈葆楨等。

是什麼力量，使這些英雄豪傑、仁者志士願意聚到曾國藩的旗下？除了保國安民、立志殺賊外，就是因為曾國藩能夠以「誠」待人，寬厚待人。誠是儒家思想中的一個重要的概念，被認為是天地萬物存在的依據，同時也是人的道德修養中極為重要的面向。

曾國藩把人心誠偽視為人的基本品格，認為只有誠實的人才能和他交往，才能有信譽可言。曾國藩說：「我認為領導下屬的方法，最重要的是推誠布公，而不是玩弄權術。誠心誠意地對待別人，漸漸地就能使他人為我所用。即使不能讓他們全心全意地為我效力，也必然不會有先親近而後疏遠的弊端。光用智謀和權術去籠絡別人，即使是駕馭自己的同鄉都無法長久。凡

是正話、實話,多說幾句,時間長了人家自然就會了解你的心意。即使是直率的話,也不妨多說幾句。」曾國藩是這樣說的,也是這樣做的,從他對容閎的賞識就可見一斑。

鴉片戰爭之後,國外勢力在中國急遽擴張,引起了很多有識之士的憂慮。曾國藩也就是在此時,開始重視起通洋、經商等事務。

容閎是一位偉大的愛國志士,他極其痛恨清廷的腐朽、反動統治,極為同情太平天國。容閎從美國留學回國後,滿懷「西學東漸」振興祖國的強烈願望,於咸豐十年(西元1860年)十一月來到天京,拜會洪仁玕,提出發展資本主義的七項建議。容閎沒想到洪仁玕會拒絕他所有的建議。容閎為自己振興中國的抱負無處施展而痛心,離開天京後便投身商貿活動。

正當他一心經商之際,突然收到了來自安慶的朋友的信,邀他前往曾國藩在安慶的軍營。接著他又收到另外幾位朋友的信,信中都發出了同樣的邀請。雖然容閎懷疑曾國藩是因他曾投奔太平天國而將加罪於他,但他仍毅然前往安慶。容閎到安慶後就受到了曾國藩親自接見,原來曾國藩聽幕僚們介紹了容閎的情況後,幾個月裡每天都盼著能見到容閎,所以就催促幕僚們寫信給容閎。談話間曾國藩不惜屈尊求教,待容閎為上賓。曾國藩虛心地向他請教:「若今日欲為中國謀劃最有益、最重要之事業,當從何處著手?」

容閎回答說:「中國今日欲建設機器廠,必以先立通用基

第二章　慧眼識人：用才之道有祕法

礎為主，不宜專以供特別之應用。所謂立通用基礎者，無他，即由此廠可造出種種分廠，更由分廠以專造各種特別之機械。簡言之，即此廠當有製造機器之機器，以立一切製造廠之基礎也。」所謂「通用基礎」，就是說不單造槍炮、彈藥、輪船，而且可以造出各種機械，作為一切製造廠的基礎。

　　曾國藩很快就採納了容閎的建議，後來他對別人說：「這個年輕人『製器之器』的想法，實在是比我一向主張的適應『特別之應用』的軍火生產要高明得多。」於是，曾國藩果斷地向朝廷專摺保奏容閎為五品銜，並專門撥了一筆錢讓他到美國去買機器設備。容閎也為曾國藩的魄力所傾倒，他想：朝廷有此等人才，國家還是有希望的。容閎盡心盡力，經多方洽談，與美國普特南公司簽約，由該公司按要求承造機器，並於同治四年（西元 1865 年）運抵上海。

　　容閎的宏才大略在太平天國被視為瓦礫，到曾府後卻被當作珍寶，這正說明了曾國藩用人的誠意。

第三章

和而不同:打造團結的力量

第三章　和而不同：打造團結的力量

不急不躁

在不經意的時候，惹上禍端，最為惱人。曾國藩認為避禍是人生大事，也是官場重頭戲。做官都會遇到很多麻煩事，也必須要處理很多麻煩事。有的人處理一件麻煩事可以，處理兩件麻煩事也還行，但遇到三件或三件以上的麻煩事就耐不住了；有的人遇到一個小麻煩還可以，一旦遇到大麻煩就撐不住了；有的人處理別人的麻煩事還可以，一旦自己遇到麻煩就受不了了。

當官之所以煩人，就是因為麻煩事往往一件接著一件，推也推不了，躲也躲不掉，難得清淨，難得自在，難得瀟灑，為什麼說「無官一身輕」呢？那是因為沒有那麼多的麻煩事情。所以做官修養心性的第一件事，就是訓練自己處事不煩、不急不躁，保持頭腦清醒。頭腦清醒才能保持平靜，保持平靜才能使部下穩定，部下穩定才能做出決斷。

同治三年（西元 1864 年），曾國藩率部隊追擊捻軍。一天夜晚，兵駐周家口（今河南周口），湘軍護衛僅千餘人，捻軍突然來襲，湘軍驚懼不已。幕府文書錢應溥急忙對曾國藩說：「現已半夜，肯定不行力戰，突圍恐怕危險重重。但我軍若按兵不動，假裝不知道，他們必定生疑，或許不戰自退。」於是，曾國藩高臥不起，錢應溥也鎮靜若常，守護曾國藩的衛兵見主帥若無其事，於是也都平靜下來，恢復常態。捻軍見狀，果然懷疑曾國藩布有疑兵，徘徊不定，不敢冒進，最終匆匆撤去。

曾國藩一生，順境時少，逆境時多，經歷了官場內部的無數忌妒、疑謗與攻擊。耿恭簡曾經告誡曾國藩「居官以耐煩為第一要義」，曾國藩深以為然，說：「遇棘手之際，須從『耐煩』二字痛下功夫，才能找出解決問題的方法。」

不能耐煩者必不能成大事。曾國藩前後兩個時期耐煩的精神不一樣，前期重在有身居高位、勇於直諫的耐煩性子，後期重在居家修身、修煉心智的耐煩性子。在此，僅看前期。曾國藩說：「我愧居高位，也想盡忠報國，不敢唯唯諾諾，阿諛奉承，以求容身，唯恐這樣做會玷汙宗族，辜負了大家的一片期望，故需要耐煩功夫！」

在晚清大臣中，曾國藩的直諫是出了名的。他並不想出風頭，甚至覺得這樣做十分危險，但作為臣子，他認為這就是忠誠，就是盡自己的本分。荀子說，忠誠有三個等級，大忠、次忠和下忠，無論是哪一種忠誠，都要有利於君主；但忠誠並不是一味地隨聲附和，如果君主的政策和行為出現錯誤，就應該大膽進言，加以規勸。

但大膽進言具有很大危險性，一語不慎，輕則導致皇上疏遠，重則導致殺身之禍。歷史上由於大膽進言而觸怒龍顏慘遭殺身之禍的人太多了，所以曾國藩每次出於忠心上諫，都心有餘悸。

咸豐元年（西元 1851 年）四月二十六日，曾國藩上一諫疏，敬陳請皇上預防流弊。事後曾國藩談了自己的感受：

第三章　和而不同：打造團結的力量

　　我諫疏的言辭非常激動，而皇上氣量如海，尚能容納，這難道是漢唐以來的君主所能比擬的嗎？我想，自己受恩深重，官至二品，不為不尊；父母被皇上誥封三代，兒子也蔭任六品，不為不榮。如果這種情況下我還不能盡忠直言，那要等到什麼時候才能建言呢？皇上的美德乃自然天稟，滿朝文武竟然不敢有一句逆耳之言，將來萬一皇上一念之差，產生了驕傲自滿的思想，並且逐漸發展到只喜歡聽奉承話，而厭惡聽任何逆耳忠言，那麼滿朝文武大臣都有不可推卸的責任。所以今趁皇上元年新政伊始之時，我把這驕傲自滿的權術說破，以便使皇上兢兢業業，斷絕驕傲自滿的苗頭。這是我的本意。

　　現在人才缺乏，民心不振，大家都在小事上謹謹慎慎，在大事上卻馬馬虎虎，每個人都習慣了唯唯諾諾、阿諛奉承的風氣。我想用這篇諫疏稍稍挽救一下江河日下的風氣。希望朝中的大臣們能耿直起來，遇事誰也不敢退縮。這是我想表達的另外一個意思。

　　摺子遞上去時，我恐怕會冒犯皇上的不測之威，因而早已將福禍置之度外。不料皇上慈顏含容，不僅不治我的罪，而且還賞賜了我。從此以後，我更應盡忠報國，不再顧及自己和家人的私利了。不過以後奏摺雖多，但斷不會再有現在這樣激烈直率的奏摺了。

　　曾國藩的進諫，恰如《晏子春秋》所說：「忠臣不避死，諫不違罪。」至於他因禍得福，那是意料之外的事情。在曾國藩看來做官要修養心性，要訓練自己不急不躁、頭腦清醒的耐煩

性情。

想要做到耐煩容人,必須有豁達的心胸。曾國藩曾經在日記中寫道:

靜中細思古今億萬年無有窮期,人生其間,數十寒暑,僅須臾耳;大地數萬里不可紀極,人於其中,寢處遊息,晝僅一室耳,夜僅一榻耳;古人書籍,近人著述,浩如煙海,人生目光之所能及者,不過九牛之一毛耳;事變萬端,美名百途,人生才力之所能辦者,不過太倉之一粒耳。

知天之長而吾所歷者短,則遇憂患橫逆之來,當少忍以待其定;知地之大而吾所居者小,則遇榮利爭奪之境,當退讓以守其雌;知書籍之多而吾所見者寡,則不敢以一得自喜,而當思擇善而約守之;知事變之多而吾所辦者少,則不敢以功名自矜,而當思舉賢而共圖之。夫如是,則自私自滿之見可漸漸蠲除矣。

曾國藩認為古往今來的失敗者,包括那些英雄,大都敗在氣度不夠開闊、不能控制自己的情緒,這是應當引以為戒的。他在給曾國荃的信中說:

我一天天老了,也經常還是有控制不了自己肝火的時候。但是,我總是提醒自己要抑制住怒氣,這也就是佛家所講的降龍伏虎。龍就是火,虎就是肝氣。自古以來,有多少英雄豪傑沒有過這兩關啊,也不僅是你我兄弟這樣。關鍵要抑制自己的情緒,不能讓它隨便發作。儒家、佛家理論不同,然而在控制

第三章 和而不同：打造團結的力量

血氣方面，沒有什麼不同。總而言之，不能情緒化，否則對身體是非常有害的。

老弟你近年來在我憤怒和激動的時候，總是坦言相勸，在自己憤怒和激動的時候，也常常能馬上收斂。由此看來，老弟你以後的成就是不可限量的，後福也是不可限量的。擔著國家大事的人必須有氣度，憂慮之氣積於心中就變成了負擔，所以說倔強到了極點，就不能不表現為情緒。以後我們兄弟動氣的時候，彼此之間應該互相勸誡，保留住倔強的特質，除去憤怒激動的情緒，也就可以了。

存其倔強，去其憤激，就是要在保持進取之心的同時，保持清醒冷靜的頭腦，而不要做出情緒化的反應。

假糊塗才是真聰明

曾國藩認為，人人都渴望聰明，但聰明過了頭，則適得其反。假如你能用糊塗包住聰明，則可能大有不同了。我們要知道，超凡的才華加上承擔責任的非凡勇氣換來的不一定就是成功！人生如戲，演繹著變化無窮的悲喜劇，稍有懈怠就會「當年多少遺憾」，學會用糊塗包住聰明才是良策！

俗話說，聰明反被聰明誤。人若精明，確實能占得不少便宜，但太過精明，別人也必定會以精明之心加以防範，精明的人往往看不到這一點。精明的人，可以精明一次，也可以精明

兩次,但很少有人能精明過三次的。因為一次精明是啟發,二次精明是教訓,三次精明就是警惕啊!

人們在生活中,大多喜歡與單純的人交往。與單純的人交往輕鬆、自然,不用費盡心機,提高警覺。這倒不是說單純的人是傻子,是可以隨意欺騙與捉弄的,而是說他心思純淨、平和、淡泊。他也懂得很多,想得很深,看得很透,只是他把他的心思放在更有價值和更有意義的事情上。這就是荀子所說的那種人:溫和如玉,完美純正。

然而,與精明的人交往,就得時時小心,處處提防,稍有不慎就會落入泥淖和陷阱中。交往得越久,相處得越深,就越是感到不自在。這正應了鄭板橋的一句話:「試看世間會打算的,何曾打算得別人一點,直是算盡自家耳!」

曾國藩是精明的人,他弟弟曾國荃也是精明的人,他們就因為精明吃過不少虧。

對於讀書人,曾國藩還能以誠相待,他說:「凡人以偽來,我以誠往,久之則偽者亦共趨於誠矣。」但是,對於官場上的交際,他們兄弟倆卻不堪應付。他們懂得人情世故,但又懷著一肚子的不合時宜,既不能硬,又不能軟,所以到處碰壁。這是很自然的,你對人誠懇,人也對你誠懇;你對人疑心,人也對你疑心;你對人一肚子不合時宜,人也會對你一肚子不合時宜。而曾國藩的朋友李續賓有一個優點,那就是全然不懂人情世故,雖然他也有一肚子的不合時宜,但他卻一味渾含,永不

第三章 和而不同：打造團結的力量

發露，所以他能悠然自得，安然無恙。而曾國藩兄弟卻時時展露，總喜歡議論和表現，處處顯露精明，其實處處不精明。曾國藩提醒曾國荃：「這終究不是載福之道，很可能會帶給我們災難。」

到了後來，曾國藩似乎有所領悟，他在給湖北巡撫胡林翼的信中寫道：「唯忘機可以消眾機，唯懵懂可以祓（消除）不祥。」但很遺憾，當時他未能身體力行。所以，為學不可不精，為人不可太精，還是糊塗一點的好。

曾國藩在其官宦生涯的後期，確實處處顯現出糊塗處世。例如，曾國藩第二次擔任兩江總督的時候，地方興革千頭萬緒。但是以其多年的為官經驗，曾國藩知道，最主要的是先掌握兩件大事：一件是整頓吏治；一件是恢復地方秩序。

清朝末期，可以說無官不貪，官場黑幕重重，腐蝕著整個國家組織，使它一天天腐爛，走向最後的衰亡。曾國藩創辦湘軍，吃夠了地方官的苦頭，也看清了官場的黑暗。等到他任兩江總督後，幾乎把原有的地方官一舉革盡，全換上了自己的親信。剛開始的時候，曾國藩還堅持其選用官員的標準，即「能做事，不愛錢，不怕死」。他認為隨自己作戰多年的湘軍將領大體上是符合這三條標準的。可是，事實並非如此，即使是他親自選拔的官吏，到地方做了官，幾乎沒有幾個人符合標準。所以，等曾國藩回到兩江總督的位子上的時候，就要由他自己來整頓他親手提拔、保舉的官吏。這些官吏表現得怎麼樣他不難

知道，在戰爭中，尤其攻破天京之後，湘軍將領哪個不大掠大搶，因此鬧得國內人盡皆知。所以，真要整頓起來，等於自我否定，自我暴露。當時，他所處的環境那麼險惡，自己剛剛從前線敗回兩江，從官文等人的明槍暗箭中鑽了出來，哪裡還有勇氣再動湘軍將領及湘系官員呢！

　　曾國藩自知吏治的重要，非整頓不可，卻無法下手。於是，他向趙烈文請教，趙烈文回答他說：「要整頓吏治，必須先從丁日昌開刀。」丁日昌原來是江西萬安知縣，因為貪汙庸劣而被革職。當時正值曾國藩在江西萬分困難之際，丁日昌投入幕府，為其處理釐務。同治二年（西元 1863 年），丁日昌由李鴻章奏調到上海，之後被李鴻章提拔為江蘇蘇松太道，繼而兼任江南製造局總辦，又升為兩淮鹽運使，後來又被李鴻章保薦為江蘇布政使，後又升為江蘇巡撫。丁日昌為人貪婪成性，又任過蘇松太道和兩淮鹽運使的肥缺，因此名聲極壞。對於丁日昌的為人以及所作所為，曾國藩是再清楚不過了。然而，他卻不能動丁日昌。曾國藩對趙烈文說出了自己的考慮，他說：「你知道我的苦心嗎？丁日昌之流與少荃至好，我與少荃如同一家，丁日昌雖是小人，少荃臨敵時他為其籌財用，我又怎能裁治他呢。」

　　曾國藩的人生體悟是：人生不應斤斤計較，該糊塗時糊塗，該聰明時聰明。有句俗語是「呂端大事不糊塗」，說的正是小事裝糊塗，而在關鍵時刻，才表現出大智大謀。因此，丁日昌人雖貪，但是他是李鴻章的親信，他把貪得的錢供李鴻章做軍

第三章　和而不同：打造團結的力量

餉，所以再壞也不能裁治。

讓精明的人糊塗，可不是一件容易的事情，除非他經歷過很多人事，受過很多挫折和磨難，否則他是不會糊塗的。鄭板橋不是已經說過了嘛，聰明難，糊塗難，由聰明返糊塗更難。但也只有到達這一境界，人們才能明白人生是怎麼一回事。

人生第一要義：勤

曾國藩透過對歷史的研究，得出這樣的結論：盛世創業垂統之英雄，以襟懷豁達為第一義。末世挾危救難之英雄，以心力勞苦為第一義。他認為當時的清朝正處於動盪不安的末世，而把自己比作臨危救難的英雄，若想完成平定天下的志向，只有勤奮而已。所以他在給曾國荃的信中說：「古來大戰爭、大事業，人謀僅占十分之三，天意恆居十分之七……吾兄弟但在『積勞』二字上著力，『成名』二字則不必問及，『享福』二字則更不必問矣。」

同治四年（西元 1865 年）十一月十三日，曾國藩夜讀汪輝祖《學治臆說》等書，深為佩服。他在日記中寫道：「閱汪龍莊先生輝祖所為《佐治藥言》、《學治臆說》、《夢痕錄》等書，直至二更。其《庸訓》則教子孫之言也，語語切實，可為師法。吾近月諸事廢弛，每日除下棋看書之外，一味懶散，於公事多所延閣，讀汪公書，不覺悚然！」曾國藩同意汪氏的觀點，認為為官

應以勤為首。

曾國藩把對「勤」字的認知提升到新的境界,在他看來,「勤」字是人生第一要義,是修身、齊家、為官、治國乃至平天下的前提。他甚至說:「千古之聖賢豪傑,即奸雄欲有立於世者,不外一勤字。」如果勤奮,一切無不可為,反之則不僅一事無成,還將引災招禍。

曾國藩曾把治學為人之道概括為八個字,即「八德」,列於首位的就是「勤」,他認為勤字最為重要。所以每當他同時談論幾個字時,總是將「勤」字放於首位,如「勤廉」「勤慎」等。後來他寫居官三箴,為「勤」字寫了四句註解:「手眼俱到,心力交瘁,困知勉行,夜以繼日。」這四句話言簡意賅,是他自己一生勤奮的真實寫照。

曾國藩出身於普通農家,曾氏近百年未出過高官顯貴,如曾國藩所說:「吾曾氏家世微薄,自明以來,無以學業發明者。」曾國藩自己也非絕頂聰明,他之所以能成就如此大業功勳,可以說全是「勤」字所致。這與其勤儉的家風有密切關係,但同時也是曾國藩自身修煉的結果。

在所有能促人成功的要素中,「勤」字是必備的,同時又是可以不受先天條件制約的。人們常說「勤能補拙」、「天才出於勤奮」。曾國藩說,居官應以「勤恕廉明」四字為本。其中「明」字受先天因素影響較大,而其餘三字則可由學習而至。「勤」字是實踐所有事業的根本和前提,所以尤為重要。

第三章　和而不同：打造團結的力量

　　曾國藩治學，認為除「勤」之外別無他法，勤奮方能有恆，才能點點滴滴，堅持不懈。他從青年起便養成了每天讀書的習慣，即使從軍之後仍舊不改。他教導屬下將士說：「勤」字之義，在於平日勤加訓練，勤於治事，稍有餘暇，則讀書不輟。曾國藩統領湘淮兩軍，全權處理攻打太平軍、捻軍事務，並主管江南數省軍政。擔任如此繁重的職務，他每天仍能利用閒暇時間讀書、寫字。奏牘、書信、批文，幾乎都是他親手所寫或刪訂。他所寫的家書，恐怕也是古往今來最多的。據現已出版、最權威的《曾國藩全集》統計，從西元1840年至1871年的三十二年間，他共寫了一千四百七十五封家書，約一百一十萬字。最多的一年是1861年，共二百三十五封。據說，他真正寫過的家書，高於這數倍。只是由於戰亂流離，損失太多罷了。他自從向倭仁學習寫日記後，幾乎從未中斷。他的日記也有幾種，如《過隙影》、《茶餘偶談》、《求闕齋日記》等，僅留傳下來的就有一百萬字之多。他所寫的奏章、批牘更加不可勝數。這種好學習慣，至老彌篤。在去世前的一年中，他作詩數首、文章十多篇。其中〈《湖南文徵》序〉與〈重刻《茗柯文編》序〉，述古今以來文章源流，見解精闢，是不朽的傳世佳作。在去世前一個月，他還為湘軍後期的名將劉松山寫墓誌銘，但因病發而未能完稿。

　　曾國藩辦事勤奮，在他任直隸總督時表現得最為突出。同治七年（1868）年末，他進京面聖，這是他自離京後第一次回

京，前後已十幾年。當時直隸雖是京畿重地，吏治腐敗卻到了無以復加的地步。官員怠忽職守，訟案堆積如山，民怨沸騰。所以，曾國藩一上任，就拿整頓吏治開刀。吳橋知縣王恩照、曲陽知縣萬方泰、永年知縣王庶曾、遷安知縣周培錦、冀州知州宋炳文、保安知州李作棠、前懷安知縣谷洪德等人性情懶散，不理訟獄，曾國藩一律奏請革職，大刀闊斧地進行整飭，吏治民風，為之一振。

在直隸總督任上，曾國藩最費心的就是處理積案。據吳汝綸記載：曾國藩辦理積訟，從同治八年（西元1869年）四月起到十一月止，結銷新舊各案四萬零一百九十一起；從同治八年（西元1869年）十二月起到同治十年（西元1871年）十月止，連同閏月，共二十四個月，又結案九萬零一百五十五起。其勤奮程度，實在令人瞠目。在他的領導下，直隸吏治迅速改頭換面。清廷稱許曾國藩「辦事認真，於吏治民風，實心整頓，力挽敝習」。

從曾國藩一生做事風格可知，「勤」字是他成功的主要祕訣。其實，這是一個人人都明白的道理，因此也談不上祕訣，關鍵是有沒有這種毅力堅持下去。

曾國藩告誡部下時最常用的就是勤字。他說勤奮之道，「精力雖只八分，卻要用到十分；權勢雖有十分，只可使出五分」。勤沒有限制，越勤越好。勤字不僅可以積少成多，還可激勵士氣，振作精神。

第三章　和而不同：打造團結的力量

曾國藩把勤字的表現歸納為五到：「身到，心到，眼到，手到，口到。身到者，如作吏則親驗命盜案，親查鄉里，治軍則親巡營壘，親冒矢石，是也；心到者，凡事苦心剖析大條理、小條理、始條理、終條理，先要擘得開，後要括得攏，是也；眼到者，著意看人，認真看公牘，是也；手到者，於人之長短，事之關鍵，隨筆寫記，以備遺忘，是也；口到者，於使人之事，驚眾之辭，既有公文，又不憚再苦口叮嚀，是也。」後來，他又總結出了三勤：刻刻教督，是曰口勤；處處查察，是曰腳勤；事事體恤，是曰心勤。這「五到三勤」是曾國藩對勤字的深刻體會並從實踐中總結出來的。縱觀他一生居官從政，無論置辦什麼事情，都充分展現出「五到三勤」。

曾國藩四大弟子之一的吳汝綸經常伴隨其左右，隔日就拜見一次。後來，吳汝綸出任知州，曾國藩教誨他說，居官之法不外「勤慎」二字，「勤」字以親理細事為先。曾國藩自己事必躬親，從而保證了每件事完成時都能確保質與量，很少有疏失。而李鴻章則與之不同，李鴻章告誡吳汝綸，為官不必親理小事。吳汝綸比較二人優長，還是覺得曾國藩說得更有道理，決定以他為榜樣，但做了幾天就受不了。其中勞心勞力，實非一般人所能承受。因此他對曾國藩更加佩服。

內部矛盾的處理

曾國藩堅決不越君臣的名分，因此奠定了他在「中興名臣」中的首要地位。但是，隨著湘軍的發展，規模擴展得越來越大，湘軍內部的矛盾也逐漸暴露出來，尤其是一些羽翼豐滿者爭求自立門戶，而清廷巴不得湘軍內部出現矛盾，好方便駕馭。曾國藩在處理這一問題時，既要保持湘軍的整體團結，又要滿足部屬的部分願望。怎樣協調，這對曾國藩來說是一個難題。

湘軍集團作為一個軍事政治集團，是由思想相通、利害相關、地域相同、社會關係相近的人，在鎮壓太平天國運動的過程中，逐步形成並發展起來的。和封建時期其他士大夫政治派別一樣，其並無組織條規，更談不上組織紀律。曾國藩成為這個集團的最高首領，只是由於他既是湘軍的建立者，又是當時所有成員中地位最高、聲望最高的人，而其他成員，大部分是他一手提拔起來的。也就是說，首領與成員，成員與集團之間，完全是靠個人感情、道義和一時利害關係而集合在一起，自然沒有強制性的約束力。

正是由於這一點，早在西元 1853 年與 1854 年之交，王鑫就因為要發展個人勢力與曾國藩產生巨大矛盾，終至公開決裂。不過，當時王鑫地位低下、力量單薄，這一分裂沒有產生多大影響，也沒有產生嚴重後果，湘軍集團仍然保持著一體性。

十年後的情況就大不同了。湘軍集團中督撫大帥紛出並立，

第三章　和而不同：打造團結的力量

與曾國藩官位相近者十餘人。也就是說，湘軍集團已由之前一個司令部、一個中心的格局，變為真正的多中心。這雖然促進了湘軍的發展，但多中心的通病，即內部矛盾加劇，甚至公開分裂，也將不可避免。這些大統領氣質互異，與曾氏集團的關係，也有深淺親疏之別。如閻敬銘與胡林翼雖有知己之情、保舉之恩，但胡林翼一死，此情就不復存在。而山東距湘軍集團勢力範圍遙遠，彼此並無密切的利害關係，所以他在任山東巡撫後，實際上就脫離了集團，向朝廷靠近。為此，他在奏摺中稱讚僧格林沁「不宜專用南勇，啟輕視朝廷之漸」的主張，是「老成謀國，瞻言百里」，並且表明：「自古名將，北人為多，臣北人也。」更為重要的是，他們各有轄區，各有部隊，所處環境局勢又各不相同。如此一來，隨著時間的推移、局勢的演變，湘軍集團各督撫，勢必利害不能一致，甚至相互衝突，從而導致各行其是，乃至明爭暗鬥。清廷雖然要依靠湘軍去鎮壓太平天國，但對湘軍集團的急速膨脹壯大，也不能不抱著憂慮的態度。湘軍集團的裂痕，正為清廷分而治之，甚至促進其公開分裂，提供了可乘之機。

正是從這一願望出發，當江西巡撫沈葆楨與曾國藩爭餉時，清廷就大力支持沈葆楨，不顧曾國藩的反對和現實困難批准了沈葆楨的截餉請求。

沈葆楨，字幼丹，福建侯官人，道光二十七年（西元1847年）進士，林則徐的女婿。咸豐五年（西元1855年），沈葆楨入

了曾國藩的幕府，擔任營務處的會辦，也就是協助曾國藩管理營務。沈葆楨這個人很有才幹，曾國藩對他十分賞識，因而屢屢向朝廷保薦他，稱他可大用。曾國藩被任命為兩江總督後，又保奏沈葆楨擔任了江西巡撫，使得沈葆楨由一個五品的知府，成了從二品的封疆大吏。可以說，沈葆楨是曾國藩一手提拔起來的。

江西向來是湘軍的重要餉地，曾國藩擔任兩江總督時，曾先後奏請將江西的漕折、釐金等項全部提取充作軍餉。曾國藩保奏沈葆楨為江西巡撫，自然也是基於保證江西對湘軍軍餉供應的考慮。然而沈葆楨就任江西巡撫之後，太平軍大舉進攻江西，而此時湘軍的主力都去進攻金陵了，無力顧及江西。於是，沈葆楨便在江西建立了一支自己的部隊，並調席寶田、江忠義、周寬世等清軍部隊到江西加入防衛。由於江西軍隊的擴增也需要大筆的軍餉開支，沈葆楨便上奏朝廷，希望能停止江西供應湘軍軍餉的義務，朝廷很快就批准了沈葆楨的請求。於是，沈葆楨便首先截留了供應雨花臺大營的江西漕折銀五萬兩，接著又截留了九江洋關稅三萬兩，不久沈葆楨又奏請截留江西省全部的釐金。

沈葆楨這樣做，固然有其理由，但對於已經處於困境中的曾國藩和湘軍來說，無疑是雪上加霜。當時不少人很生沈葆楨的氣，提出來要彈劾他。曾國藩多方考慮，拒絕了這個建議。對於偏袒沈葆楨的戶部，他也是曉之以理，動之以情。當沈葆楨奏

第三章　和而不同：打造團結的力量

請截留江西全部釐金的時候，曾國藩上奏了一份摺子給朝廷，在奏摺中說：

> 微臣統軍太多，月需額餉五十餘萬。前此江西釐金稍旺，合各處入款約可發餉六成，今年則僅發四成；而江西撫臣（指沈葆楨）所統各軍之餉，均發至八成以上。臣軍欠餉十六、七個月不等，而江西各軍欠餉不及五月。即以民困而論，皖南及江寧各屬市，人肉以相食，或數十里野無耕種，村無炊煙，江西亦尚不至此。……今蘇浙之省會已克，金陵之長圍已合，論者輒謂大功指日可成，元惡指日可斃……

> 抑臣又聞同僚交際之道，不外二端：曰分，曰情。巡撫應歸總督節制，見諸會典，載諸坐名敕書。……數百年之成憲，臣不得而辭，沈葆楨亦不得而違分也。軍事危急之際，同寅患難相恤，有無相濟，情也。

江西為兩江轄境，沈葆楨由曾國藩統領，因而與曾國藩爭餉，確實是既違分又違情的。在這種情況下，朝廷便將江西釐金一分為二，曾國藩、沈葆楨各得一半；同時，又將另外一筆五十萬兩的款項給了曾國藩。此外，為了保證湘軍的圍城糧餉，朝廷又撥了淮北鹽釐每月八萬兩給湘軍，安徽、河南等省士紳捐款數十萬兩，以及從湖南撥來的一批糧食。這些錢糧大大地緩解了湘軍的困難。於是一場紛爭，由於曾國藩的冷靜與克制，最終圓滿解決。

爭取上級支持

官場衝突，有一個「第三者」至關重要，這就是衝突雙方的上級。上級才是真正的裁判。誰能爭取到上級的理解與支持，自然也就占據了上風。

勝保，字克齋，蘇完瓜爾佳氏，滿洲鑲白旗人，道光二十年（西元1840年）舉人，歷任順天府教授、贊善、侍講、祭酒、光祿寺卿、內閣學士。太平軍攻占金陵後，勝保被朝廷派赴江南，任江北大營幫辦軍務大臣，不久奉命尾隨太平軍北伐軍北上河北等地，於是自成一軍。咸豐六年（西元1856年），勝保奉咸豐皇帝之命，前往河南辦理防務，赴淮北鎮壓捻軍。咸豐八年（西元1858年），勝保奉命幫辦安徽軍務。咸豐十年（西元1860年），第二次鴉片戰爭時，勝保在八里橋之戰中負傷。咸豐皇帝對其十分賞識，命令他指揮八旗禁軍及各路勤王之師。隨後在祺祥政變中，重兵在手的勝保又立下了汗馬功勞，得到了慈禧太后與恭親王奕訢的重用，升為鑲黃旗滿洲都統兼正藍旗護軍都統。其後勝保再次奉命南下，鎮壓捻軍起義。

勝保是一個不知天高地厚且野心勃勃的人，誰都不放在眼裡。慈禧太后在祺祥政變以後，採取了重用曾國藩等漢人官員的政策，命曾國藩管轄四省，並為曾國藩加了協辦大學士之銜，這就引起了勝保的不滿。他對慈禧太后說：「我朝自列聖以來，從不以重柄盡付漢臣，具有深意，不可不深思熟慮。」其實勝保

第三章 和而不同：打造團結的力量

此舉，只能說明他的政治目光短淺。在當時的情況下，滿族貴族已經徹底腐敗，重用漢人已勢在必行，因而慈禧太后並沒有理他。勝保卻看不出這一點，反而更加憤憤不平，一心要跟曾國藩的湘軍集團爭個高低。雙方終於因為爭奪安徽的控制權，而爆發了衝突。

在鎮壓太平天國的戰爭中，安徽具有舉足輕重的策略地位。為了完成以上制下、攻占金陵的策略，湘軍必定得控制安徽，而湘軍進入安徽，就必然會跟勝保產生衝突。當湘軍勢力進入安徽的時候，曾國藩和胡林翼已經根據勝保的為人得出了此君不去，湘軍無法在安徽立足的結論，因而湘軍眾統帥決心將勝保擠出安徽。但勝保並不甘心退出安徽，他也很明白無兵無以自立的道理，因而便大力招撫安徽的地方勢力頭目苗沛霖等人，企圖倚仗苗沛霖的勢力與湘軍集團抗衡。

苗沛霖，字雨三，安徽鳳臺人，秀才出身。太平天國運動和捻軍起義爆發後，苗沛霖認為清朝大勢已去，天下即將大亂，於是打著辦團練的旗號發展自己的勢力，很快建立起了一支隊伍。捻軍曾經屢攻苗沛霖的寨堡，卻都沒有攻破，苗沛霖因此聲名大噪。勝保到了安徽以後，認為苗沛霖這股勢力可以為自己所用，便派人前去招撫。苗沛霖也看中了勝保的勢力，認為這是一棵可以利用的大樹，便欣然受撫，與勝保結交，並投入勝保門下，自稱「門生」。在勝保的保奏下，苗沛霖先後十二次加官進爵，從一個五品官，成為四川川北道道員，賞二品頂

戴，加布政使銜，督辦皖北團練。苗沛霖的勢力也得以迅速發展，成為一個地跨安徽、河南，擁眾數十萬的地方實力派系。苗沛霖利用勝保的目的已經達到，便於第二次鴉片戰爭爆發、英法聯軍進攻北京、咸豐皇帝逃到熱河之際，宣布「天下已無主，我等當各求自全」，令部下推舉擁戴，稱為河北天順王，公開展開了割據的旗幟。同時他還大舉進攻壽州，安徽巡撫翁同書也成了他的俘虜。此後，苗沛霖又將兵鋒直指皖北重鎮潁州。

如何解決苗沛霖集團，朝廷內部出現了剿撫兩種不同的意見。曾國藩和湘軍集團為了控制安徽，挫敗勝保的勢力，堅決主張予以剿滅。苗沛霖是勝保的命根子，因而勝保不顧苗沛霖已經扯旗造反的事實，堅持主撫，他對朝廷說：「現在太平軍還沒有被徹底鎮壓，捻軍的勢力正在興盛之際，如果再添一股苗沛霖的勢力，那麼如何能夠對付，所以還是以撫為宜。如果苗沛霖受撫，以後的事情就由勝保一人經理，只要駕馭得宜，肯定是沒有問題的。」雙方由此產生了分歧。

在這個時候，誰能得到朝廷的支持，無疑就可以在鬥爭中擁有主動權。勝保身為滿人，又深得慈禧與奕訢的信任，按理來說是可以占上風的，然而勝保卻判斷錯誤。此時的朝廷，已經認定要鎮壓太平天國運動，就必須依靠曾國藩，而要解決安徽問題，同樣必須依靠湘軍。尤其是湘軍在安徽戰場上節節勝利，連拔要城，更是給了朝廷信心。如果說在此之前，朝廷還擔心腹背受敵，對應該如何處理苗沛霖還一時拿不定主意的話，此時

第三章　和而不同：打造團結的力量

則已經下了決心，要根除這個後患了。

咸豐十一年（西元 1861 年），苗沛霖就曾圍攻壽州，朝廷即任命湘軍將領彭玉麟為安徽巡撫，負責解決苗沛霖。由於彭玉麟是水師將領，手中沒有陸軍，不能就職，於是朝廷又任命湘軍陸軍將領李續宜為安徽巡撫，命其率兵前往壽州。同治元年（西元 1862 年）六月，朝廷明確指示李續宜，讓他立即馳赴潁郡「辦理苗練一切事宜」，甚至說「倘該撫畏勝保之驕恣，意存疑沮以致貽誤，則責有攸歸，轉不能稍為寬恕也」。這實際上是公開支持李續宜的湘軍向勝保發動進攻了。同時，朝廷還屢次密諭曾國藩，要他對苗沛霖堅決主剿。

此時的勝保，如果是個識時務之人，如果能夠急流勇退，仍然可以保全自己的利益與地位。然而，勝保偏偏要一條路走到黑，繼續與曾國藩相抗。同治元年（西元 1862 年）五月，曾國藩的湘軍攻克了重鎮廬州，皖北的局勢已經基本平定。朝廷見勝保在安徽已成贅疣，便宣布調他到陝西去鎮壓回民起義，而讓湘軍大將、安徽巡撫李續宜督辦安徽軍務，準備對苗沛霖下手。勝保暴跳如雷，他向朝廷提出了離開安徽的五個條件：

1. 李續宜不得更改已經達成的招撫大局。

2. 派出專人辦理撫苗事宜，其他人不得染指。

3. 將苗沛霖部隊改為欽差練營，讓苗沛霖專門辦理營務。

4. 勝保西行後由僧格林沁就近排程，督促苗沛霖剿捻立功，其他人不得干預。

5. 如果以上要求不能得到滿足，就請將李續宜調離安徽，安徽巡撫之職另選他人。

這實際上是與曾國藩攤牌了，但勝保高估了自己的能力和重要性。湘軍對安徽是志在必得，曾國藩自然對勝保寸步不讓，朝廷也堅決拒絕了勝保的所有要求，並催促他立即西行，不得延誤。此時的勝保，已經完全失去了理智，見湘軍勢力已經遍布皖北，苗沛霖馬上就要任人宰割，為了保住苗沛霖，他竟然沒有經過朝廷的允許，擅自調苗沛霖入陝。這一動作，使得朝廷再也無法容忍了，立即派多隆阿率領湘軍重兵進行攔截，接著又將勝保革職拘捕，賜令自盡。苗沛霖失去了勝保的保護，才被迫第三次反清，也很快被朝廷消滅。

不當出頭鳥

曾國藩認為：「名者，造物所珍重愛惜，不輕以予人者。余德薄能鮮，而享天下之大名，雖由高曾祖父累世積德所致，而自問總覺不稱，故不敢稍涉驕奢。家中自父親、叔父奉養宜隆外，凡諸弟及吾妻、吾子、吾姪、吾諸女姪女輩，概願儉於自奉，不可倚勢傲人。古人謂無實而享大名者，必有奇禍。吾常常以此儆懼。」

咸豐十年（西元1860年）閏三月十六日，太平軍再次攻破清軍江南大營，一舉解除天京之圍。此後，清朝綠營武裝基

第三章　和而不同：打造團結的力量

本埠臺，黃河以南再也沒有什麼軍事勢力能夠與太平軍互相抗衡，因而不得不任命曾國藩為兩江總督，依靠他的湘軍來鎮壓太平軍。但朝廷對湘軍勢力的迅速膨脹非常擔心。據說當湘軍攻克武漢時，咸豐皇帝曾仰天長嘆道：「去了半個洪秀全，來了一個曾國藩。」當時，洪秀全的太平天國，已開始走下坡，而曾國藩的聲威卻如日中天，兩人又都是漢人，難怪咸豐皇帝有此慨嘆。

曾國藩自從「特開生面，赤地新立」，建立起一支從團練改編而成的湘軍後，便將維護皇朝的責任感和炫耀自己的功業心交融在一起。但在此後的征戰生涯中，不僅戰事棘手，屢屢受挫，而且他也時常受到來自朝廷內部的多方掣肘，真可謂身陷煉獄，備嘗艱辛，但他都努力經營，「咬牙立志」地堅持了下來。咸豐七年（西元 1857 年）守制時，曾國藩深深地反省了自己率湘軍出征以來的經驗教訓。因此，當他在次年再次出山時，即變得特別能忍，特別留意調整自己和清廷之間的關係，尤其關注歷史上那些功高震主的顧命大臣的結局。由此便不難理解他為什麼在出任兩江總督兼節制四省軍務以後，對如此的高位重權卻顯得喜不勝憂。曾國藩在日記中曾披露了他的真實心跡：「古之得虛名而值時艱者，往往不克保其終。思此不勝大懼。將具奏摺，辭謝大權，不敢節制四省，恐蹈覆餗負乘之咎也。」

在湘軍抵達金陵，特別是曾國荃圍攻金陵久攻不下時，處於兩難境地的曾國藩，為了探尋保身進退之道，專門研究了《周

易》中盈虛消長的道理,從而明白人不可能沒有缺陷。太陽升到最高點就會向西偏,月亮圓滿之後就會虧缺。因此,曾國藩在手握大權、擁重兵之時,總是有如臨深淵、如履薄冰的戒懼心理。他指出:一般只看到身居高位的人處於花團錦簇之中,而沒有看到他們正處於荊棘、陷阱和沼澤之中,處在各種矛盾的漩渦中心,稍有不慎就會遭遇殺身之禍。那麼,如何才能在功成之際避禍呢?曾國藩認為最好的辦法就是「忍名」,具體來說就是首先勸弟弟將功勞推讓一些,以減輕眾人的忌妒之心。

曾國藩非常真情地開導曾國荃說:

近日來非常擔心老弟的病,十一日收到初七你交由袁差官帶來的信,以及給紀澤、紀鴻兩兒的信,字跡有精神、有光澤,又有安靜之氣,言語之間也不見急迫匆促,由此推測老弟病體一定會痊癒,因此感到很寬慰。只是金陵城對峙很久卻還沒有攻下,按我兄弟平日裡的性情,恐怕肝病會越來越重。我和昌岐長談,得知李少荃和兄弟實際上有互相親近、互相衛護的用意。我的意思是上奏朝廷請求准許少荃親自帶領開花炮隊、洋槍隊前來金陵城會同剿滅敵軍。等到老弟回覆我這封信的信送達(不過十八、九日就能送到),我就一面上奏朝廷,一面送一道諮文給少荃,請他立即西進。如果蘇州李軍齊到而大功告成,則老弟承受其辛勞,而少荃坐享其名,既可以一同接受大獎賞,又可以暗中為自己培養大福。單獨享有大功名大概乃是折損福氣的做法,和別人分享功名也許是接受福分的途徑。如果蘇州李軍雖然到達,而金陵守城敵軍仍然像過去那樣

第三章 和而不同：打造團結的力量

堅守，還是攻不下來，則對我們的責難也可以分散一些，我們的責任也可以稍微輕一些。

昨天我已經發諮文給少荃，讓他派火炮到金陵聯合剿敵。細想起來，老弟的肝病在身，不宜再憂心兩個月，而餉項也斷然難以支撐三、四個月之久，所以我決定奏報朝廷，請求派少荃前來金陵。蘇州李軍近來也僅能夠支出五成的軍餉，供給並不是十分充足，來金陵也不擔心會有誇耀財富的問題，想來老弟能體察我的苦衷。

另外，曾國藩十分了解其弟曾國荃的秉性：精力充沛，有謀有勇，敢作敢為，願為人先；同時又不失驕縱、蠻橫。隨其勢力逐漸擴大，曾國藩越來越為他擔心，唯恐其稍有不慎，而釀出禍患。

為了勸說曾國荃，曾國藩甚至還將已死去的父母從「地下」請出，在一封信中說：「請少荃助攻這件事我猶豫了好久，仔細思量我們的父母今天如果還健在，我拿這件猶疑的事請示雙親意見，他們一定會說：『立即請李中丞來聯合剿敵，不要讓你沅弟長時間憂悶呀。』因此我便下了決定。」

當然，李鴻章不僅深知老師曾國藩的脾氣，也完全掌握了老師的忍道大法。因此，他不願做出頭的人，與曾國荃搶功。雖然這時朝廷又下旨令李鴻章速速率軍助攻金陵，而且李鴻章的部下也都躍躍欲試，認為這是一個立大功、加官進爵、封蔭子孫的機會。有的說：「湘軍百戰之績，垂成之功，豈甘為人

不當出頭鳥

奪?若往,鮑軍遇於東壩,必戰。」也有的說:「湘軍之中疾疫大作,鮑軍十病六七,豈能當我巨炮?」李鴻章始終不為所動。

但李鴻章如果抗旨不出兵也不行,他便想了一個兩全其美的辦法,一是上奏朝廷,說曾國藩完全能夠平定此大亂,金陵即日可克;二是請旨派他的弟弟攜大砲到曾國藩處聽其指揮,助攻。正當曾、李二人為此絞盡腦汁之時,曾國荃終於將金陵城攻了下來。據說,大功告成之日,李鴻章親往祝賀,曾國藩帶曾國荃迎於下關,親執李鴻章之手,說:「曾家兄弟的臉面薄,全賴你了!」李鴻章自然謙遜一番。而向朝廷報捷時,曾國藩將自己的名字列於湖廣總督官文之下,並一再聲稱,大功之成,實賴朝廷的指揮調度有方和諸將官的同心協力,至於他們曾家兄弟全是仰賴天恩,得享其名,實是僥倖而來,隻字不提一個「功」字,對李鴻章當然更是多多美言。

然而,好大喜功、心高氣傲的曾國荃,卻沒有他大哥那樣的涵養,無論如何也接受不了曾國藩為他安排的讓功於李鴻章的良苦用心,偏偏要搶在淮軍到達金陵之前將其攻陷,並且在攻陷金陵的當天夜裡就急急忙忙上奏報捷,滿心以為會受到朝廷的大力讚揚,不料卻挨了當頭一棒。上諭指責他城破之日晚間,不應立即返回雨花臺大營,結果讓千餘太平軍突圍,語氣相當嚴厲。事情發生後,曾國荃部下都埋怨負責起草奏摺的趙烈文,認為是他起草的奏摺中有不當言辭而導致的。

趙烈文則認為曾國荃受斥責與奏摺寫得好壞無關,完全是

第三章　和而不同：打造團結的力量

朝廷有意苛求，否則，杭州城破時陳炳文等十多萬人突圍而去，左宗棠為何不受指責？幸好此時有人將李秀成捆送大營，否則曾國荃更無法下臺。

但是，朝廷並未就此了結，而是步步緊逼，揪住不放。數日後，朝廷又下旨追查金陵金銀的下落，說「金陵陷於賊中十餘年，外間傳聞金銀如海，百貨充盈，著曾國藩將金陵城內金銀下落迅速查清，報明戶部，以備撥用。」尤其嚴重的是，上諭中直接點了曾國荃的名，對他提出警告。上諭說：「曾國藩以儒臣從戎，歷年最久，戰功最多，自能慎終如始，永保勳名。唯所部諸將，自曾國荃以下，均應由該大臣隨時申儆，勿使驟勝而驕，庶可長承恩眷。」裡面的潛臺詞無疑是說，曾國藩兄弟如再不知禁忌，就難以「永保勳名」和「長承恩眷」了。真是寥寥數語，暗伏殺機啊！

曾國藩熟讀儒學，兼攻道、法，具有豐富的政治經驗和歷史知識，熟悉歷代事蹟，特別是對道、法的權術運用於心且玩於股掌，當然能品出這些話的意思，掂出它的分量。更何況，曾國荃確實非常驕傲，把攻陷金陵的功勞全記在他一人的帳上。後來，曾國藩曾對趙烈文說：「沅甫（曾國荃字）之攻金陵，幸而成功，皆歸功於己。余常言：『汝雖才能，亦須讓一半與天。』彼恆不謂然。」

此時的曾國藩心裡很明白，如何處理好與朝廷的關係，已成為能否維持其權力和地位的關鍵，而看清楚並擺脫自己目前

的這種政治處境,則是他面臨的最迫切問題。於是,他不僅勸說九弟曾國荃主動向朝廷奏請開缺,以身體不適為由請求回原籍養病,另外還下令裁減湘軍,終於讓朝廷放下心來,從而保住了勳名。

第三章　和而不同：打造團結的力量

第四章
隱功藏名：低調成就大局

第四章　隱功藏名：低調成就大局

有大志者成大事

孔子曰「三軍可奪帥也，匹夫不可奪志也」，諸葛亮說「志當存高遠」，王夫之也說「傳家一卷書，唯在汝立志」。這些都是在說立志的重要，所以少年的曾國藩就「困知勉行，立志自拔於流俗」。

人立志固然重要，但立什麼樣的志更至關重要。不同的志向成就不同的事業，決定不同的人生。立志流於俗則會使自己總是患得患失，所成就的事業自然就小。立志不流於俗則會使我們奮發有為，所成就的事業也就自然壯大。曾國藩深知自己是靠不流於俗的雄心壯志而卓立於群的，因此，他不僅反覆向子弟灌輸立志的重要，而且還經常具體地指點他們如何立志、立什麼樣的志。他在寫給諸弟的家書中說：君子立志，應有包容世間一切人和物的胸懷，有內以聖人道德為體、外以王者仁政為用的功業，然後才能對得起父母的生養，不愧為天地之間的一個完人。

曾國藩在二十歲以前，雖然跟隨父親勤奮讀書，但並沒有遠大志向。道光十年（西元 1830 年），其父曾麟書覺得自己的才智不及兒子，自己所知的已經教完了，於是便將其送到衡陽汪覺庵先生處學習。之後，他又回到本縣漣濱書院讀書。在這一年多的時間裡，曾國藩眼界大開，助長了他銳意進取的精神。在師長劉元堂先生的栽培下，曾國藩痛下決心，毅然改號滌生。

按照他自己的解釋,「滌」就是「滌其舊染之汙」,「生」即「從前種種,譬如昨日死,以後種種,譬如今日生」。意即告別舊我,走向新生之意。

曾國藩二十三歲的時候考取了秀才,二十四歲的時候考取了舉人,雖然接連兩次在京城參加會試都落第了,但他並不氣餒,反而更加堅定了「天生我才必有用」的信念。第三次會試,終於天遂人願,中了進士,在朝考中又列為一等第三名(道光皇帝親自拔擢為第二名),改庶吉士,入翰林院庶常館深造。許多人到了翰林這個地位,就不會再在書本上下太多的功夫了,只需要鑽鑽門路,便可悠閒等待散館授官了。曾國藩來自農村,秉性純樸,毫無鑽營取巧的習氣,在京十餘年來勤讀史書,倒培養出一股「以澄清天下為己任」的志氣來。

曾國藩還為自己定下了一條座右銘:「不為聖賢,便為禽獸;莫問收穫,但問耕耘。」他堅信自己終有一天,會如同雲中展翅翱翔的孤鳳一樣,不鳴則已,一鳴則引起九州震動;如同生長在深山中的巨樹一樣,有朝一日成為國家的棟梁。

曾國藩還認為,要實現「匡時救世」的遠大抱負,要達到這樣一個人生的最終目的,就必須具有為之奮鬥獻身的精神。因為人生的道路是極其艱難困苦、坎坷不平的,尤其是處於內憂外患一齊襲來的中國近代社會,要扭轉國家的命運,實現天下大治的目的,會更加困難,需要個人犧牲的東西會更多。他總結歷史經驗得出結論,認為古往今來,大抵聖賢豪傑,之所以能完

第四章　隱功藏名：低調成就大局

成救世的宏願，都是力排萬難才達成目標的。「聖賢之所以為聖賢，佛家之所以成佛，所爭皆在大難磨折之日。」

人擁有巨大潛力，但每一個成功的人都不能沒有積極進取的精神。曾國藩從自己一生的成敗中悟出了這個道理：人才的高下，是由其志趣的高下所決定的。志向、興趣低下的人，安於現狀，困於世俗的陋見，必然越來越低賤汙劣；而志向和興趣高尚的人，嚮往先賢的輝煌事功，因此也就一天比一天高明。這就像遠行一樣：如果奮勇直前，有破釜沉舟之志，那麼即使走得很遠也不覺得累；如果糊裡糊塗，沒有追求，那麼近處也是可以度日，又何必遠行百里之外呢？他認為人只要立志，就算是聖賢豪傑的事業也都可以做到。

在寫給好友劉蓉的信中，他更為明確地表達了自己的宏圖大志：

此間有太常唐先生，博聞而約守，矜嚴而樂易，近著《國朝學案》一書，崇二陸二張之歸，闢陽儒陰釋之說，可謂深切著明，狂瀾砥柱。又有比部六安吳君廷尉、蒙古倭君，皆實求朱子之指而力踐之。國藩既從數君子後，與聞末論，而淺鄙之資，兼嗜華藻，篤好司馬遷、班固、杜甫、韓愈、王安石之文章，日夜以誦之不厭也。故凡僕之所志，其大者蓋欲行仁義於天下，使凡物各得其分；其小者則欲寡過於身，行道於妻子，立不悖之言以垂教於宗族鄉黨。其有所成與，以此畢吾生焉。其無所成與，以此畢吾生焉。辱知最厚，輒一吐不怍之言，非

敢執途人而斷斷不休如此也。

　　曾國藩認為，只要是做事都要有志向，人生當有人生之志，為學當有為學之志，修身當有修身之志。關於人生之志，曾國藩有從「雉卵變蛟龍」到「國之藩籬」的自信；關於為學之志，曾國藩認為，士人讀書，第一要有志，第二要有識，第三要有恆；關於修身之志，曾國藩一生著力效法標竿人物，就算是後來他和太平軍決戰時，仍將中國幾千年來的名家重新思量，命兒子曾紀澤繪製其像，懸掛於壁間，還作〈聖哲畫像記〉一文，作為終生效法的對象，以使自己的人格更臻於完善。文中寫道：「古之君子，蓋無日不憂，無日不樂。道之不明，己之不免為鄉人，一息之或懈，憂也；居易以俟命，下學而上達，仰不愧而俯不怍，樂也。自文王、周、孔三聖人以下，至於王氏，莫不憂以終身，樂以終身，無所於祈，何所為報？」

　　正是抱著「不為聖賢，便為禽獸」的志向，把「修身，齊家，治國，平天下」作為基本人生信念，曾國藩才成為一個「朝為田舍郎」到「暮登天子堂」，再到「中興以來，士人而已」的封疆大吏，成就了他的非凡人生。

　　我們雖然不必像曾國藩那樣將「修身，齊家，治國，平天下」作為自己的目標，但是樹立目標成為一個有益於社會、有助於他人的人卻是應有之義，這樣我們才能在自己平時的作為中以勤奮耕耘、堅忍意志來不斷地充實自己，才不會被個人一時的患得患失遮住雙眼而迷失正確的方向。

第四章　隱功藏名：低調成就大局

做人不可傲

關於如何防止人生和事業的失敗，曾國藩特別提出了一個「傲」字和一個「惰」字。他說：「天下古今之庸人，皆以一『惰』字致敗；天下古今之才人，皆以一『傲』字致敗。吾因軍事而推之，莫不皆然。」

曾國藩考察古今人物，發現「憤激愈久」與「得意愈久」，都會產生傲氣。古往今來有很多恃才傲物的人，而能傲古今騷客之短且受人稱道的只有李白一人，其他恃傲藐人者，最後都落得個身敗名裂的下場；因此，歷來德厚修深者，都把「戒傲」作為自己的必修功課，但闡述得詳盡周全，並終生以此為鑑的人中，曾國藩做得最好。

道光二十四年（西元1844年）十月二十一日，曾國藩在寫給四弟的信中說：

吾人為學最要虛心。嘗見朋友中有美材者，往往恃才傲物，動謂人不如己，見鄉墨則罵鄉墨不通，見會墨則罵會墨不通，既罵房官，又罵主考，未入學者則罵學院。平心而論，己之所為詩文，實亦無勝人之處；不特無勝人之處，而且有不堪對人之處。只為不肯反求諸己，便都見得人家不是，既罵考官，又罵同考而先得者。傲氣既長，終不進功，所以潦倒一生而無寸進也。……三房十四叔非不勤讀，只為傲氣太勝，自滿自足，遂不能有所成。京城之中，亦多有自滿之人。識者見

之，發一冷笑而已。又有當名士者，鄙科名為糞土，或好作詩古，或好講考據，或好談理學，囂囂然自以為壓倒一切矣。自識者觀之，彼其所造，曾無幾何，亦足發一冷笑而已。故吾人用功，力除傲氣，力戒自滿，毋為人所冷笑，乃有進步也。諸弟平日皆恂恂退讓，第累年小試不售，恐因憤激之久，致生驕惰之氣，故特作書戒之，務望細思吾言而深省焉。幸甚幸甚。

咸豐八年（西元 1858 年）三月初六，曾國藩在寫給九弟的信中說：

古來言凶德致敗者約有二端：曰長傲，曰多言。丹朱之不肖，曰傲，曰嚚訟，即多言也。歷觀名公巨卿，多以此二端敗家喪生。余生平頗病執拗，德之傲也；不甚多言，而筆下亦略近乎嚚訟。靜中默省愆尤，我之處處獲戾，其源不外此二者。溫弟性格略與我相似，而發言尤為尖刻。凡傲之凌物，不必定以言語加人，有以神氣凌之者矣，有以面色凌之者矣。溫弟之神氣稍有英發之姿，面色間有蠻狠之象，最易凌人。凡中心不可有所恃，心有所恃則達於面貌，以門第言，我之物望大減，方且恐為子弟之累；以才識言，近今軍中煉出人才頗多，弟等亦無過人之處，皆不可恃。只宜抑然自下，一味言忠信、行篤敬，庶幾可以遮護舊失、整頓新氣。否則，人皆厭薄之矣。沅弟持躬涉世，差為妥協。溫弟則談笑譏諷，要強充老手，猶不免有舊習。不可不猛省！不可不痛改！聞在縣有隨意嘲諷之事，有怪人差帖之意，急宜懲之。余在軍多年，豈無一切可取？只因傲之一字，百無一成，故諄諄教諸弟以為戒也。

第四章　隱功藏名：低調成就大局

咸豐十一年（西元1861年）二月初四，他再次給四弟寫信說：

弟言家中子弟無不謙者，此卻未然，余觀弟近日心中即甚驕傲。凡畏人，不敢妄議論者，謙謹者也，凡好譏評人短者，驕傲者也。弟於營中之人，如季高、次青、作梅、樹堂諸君子，弟皆有信來譏評其短，且有譏至兩次三次者。營中與弟生疏之人，尚且譏評，則鄉間之與弟熟識者，更鄙睨嘲斥可知矣。弟尚如此，則諸子姪之藐視一切，信口雌黃可知矣。諺云：「富家子弟多驕，貴家子弟多傲。」非必錦衣玉食、動手打人而後謂之驕傲也，但使志得意滿毫無畏忌，開口議人短長，即是極驕極傲耳。余正月初四信中言戒驕字，以不輕非笑人為第一義；戒惰字，以不晏起為第一義。望弟常常猛省，並戒子姪也。

曾國藩後來又在信中說：「傲為凶德，惰為衰氣，二者皆敗家之道。戒惰莫如早起，戒傲莫如多走路、少坐轎，望弟時時留心儆戒。如聞我有傲惰之處，亦寫信來規勵。」

曾國藩在仕途上可謂官運亨通，九年之中連升十級，並在京城贏得了很高的聲望。但對此，曾國藩反而以「深愧自己試場之詩文太醜」而自謙，可謂「戒傲」功夫深厚。

曾家的「戒傲」之風，可謂久遠。從曾國藩的祖父輩起，便時刻以「戒傲」為訓。如曾國藩在家書中說：

吾於道光十九年（西元1839年）十一月初二日進京散館，十月二十八早侍祖父星岡公於階前，請曰：「此次進京，求公

教訓。」星岡公曰：「爾的官是做不盡的，爾的才是好的，但不可傲。滿招損，謙受益，爾若不傲，更好全了。」遺訓不遠，至今尚如耳提面命。今吾謹述此語誥誡兩弟，總以除傲字為第一義。唐虞之惡人曰丹朱，傲；曰象，傲；桀紂之無道，曰強足以拒諫，辨足以飾非，曰謂已有天命，謂敬不足行，皆傲也。吾自八年六月再出，即力戒惰字以儆無恆之弊。近來又力戒傲字。昨日徽州未敗之前，次青（指李元度）心中不免有自是之見，既敗之後，余益加猛省。大約軍事之敗，非傲即惰，二者必居其一；巨室之敗，非傲即惰，二者必居其一。

曾國藩雖然戒傲如毒，防之甚嚴，然而他在帶兵的時候，也曾有過因勝而傲，因傲而敗的經歷，親自驗證了「驕兵必敗」的說法。

湘軍攻陷九江之後，兵鋒直指安慶，又像田家鎮大勝後一樣，不可一世。就連曾國藩也被驕傲情緒所左右，稱：「安慶逆黨無多，或可以虛聲下之，金陵克復亦係指顧間事。」似乎太平軍已不堪一擊了。

咸豐八年（西元1858年）七月，太平軍奪取廬州。於是，曾國藩決定抓緊機會進攻，議分南北兩路向東進軍，南路由都興阿、鮑超會合水師進軍安慶；北路由李續賓、曾國華奪取廬州。自認為無戰不克的李續賓領命後，一路猛進，連下潛山、桐城、舒城，直抵三河鎮。

三河鎮是廬州府的屏障，為水陸要衝，取廬州必先奪三河

第四章　隱功藏名：低調成就大局

鎮。太平軍在三河鎮築大城一座，城外環築九壘，憑河設險，易守難攻。九月末十月初，湘軍幾千人對三河鎮展開凌厲攻勢。幾天時間，城外九壘皆被攻破。但主城堅不可拔，守軍勇猛抵抗，湘軍死傷慘重。

就在湘軍竭力攻城之際，已擊潰江北大營的陳玉成，率十萬之眾來援，並邀李秀成隨後跟進。從廬江縣西二十里之白石山，至三河鎮南三十里之金牛鎮，連營數十里，旌旗蔽日，呼聲動天，包抄李續賓後路。湘軍大驚，慌忙迎戰。正是黎明，大霧瀰漫，咫尺莫辨，兩軍奮力搏鬥。湘軍無法抵禦泰山壓頂般的攻勢，倉促還營，閉壘緊守。太平軍隨後連拔湘軍七壘，並挖斷河堤，絕其歸路。李續賓驚慌失措，指揮完全失態。他先是下令月光照地時全軍一起突圍，後又復令死守。但軍士離開營壘，已喪失鬥志；轉瞬間，全軍大敗狂奔。李續賓戰死。

三河鎮之役，湘軍除少數人逃脫外，六千人喪生，損失空前慘重。李續賓一軍是羅澤南舊部，是湘軍最有戰鬥力的主力。它的覆滅，無異於晴天霹靂，足以震撼全軍，影響全局。曾國藩亦痛心疾首，說當時「不特大局頓壞，而吾邑士氣亦為不揚」。氣驕輕敵，給了曾國藩一個不小的教訓。

這一仗對策略全局影響極大，此後太平軍乘勝反擊，接連攻克舒城、潛山、桐城、太湖四縣。進攻安慶的都興阿、鮑超見太平軍攻勢迅速，不戰自退。湘軍被迫處於守勢。曾國藩又陷入驚懼難安的境地。

由此可見，傲氣極易滋生，極易失控，戒傲說起來容易，做起來難，不得不時時小心提防。

功不己居

曾國藩對孔孟的「自立立人，自達達人」之道尤為推崇，把是否施於人一事視為識與量的大小。他認為孔子所云「己所不欲，勿施於人」和孟子所云「取人為善，與人為善」，皆恕也，仁也。知此則識大量大，不知此則識小量小。

曾國藩認為：「要步步站得穩，須知他人也要站得穩，所謂立也；要處處行得通，須知他人也要行得通，所謂達也。」曾國藩把這種信念應用在自己的事業中，就是功不己居、名不己出。

在軍營裡，曾國藩每每談到收復安慶的事，總是歸功於胡林翼的出謀畫策及多隆阿的艱苦戰鬥；談到後來攻下金陵，則又歸功於各位將領，而沒有一句話提及他自己以及他的弟弟曾國荃；談到僧格林沁進攻捻軍的時候，讚揚他能吃苦耐勞，說自己比不上他的十分之一二；談到李鴻章、左宗棠，稱他們是一代名流，不是說自愧不如，就是說謀略莫及，這從他的奏摺和信函中都能看出來。

曾國藩自己升遷的同時也薦舉幕僚和下屬。曾國藩一生薦舉人才甚多，其中很大一部分是他的幕僚和下屬。現已證實的

第四章　隱功藏名：低調成就大局

做過曾國藩幕僚的有四百餘人，其中絕大多數人都受過他的保舉。可以說，凡為其幕僚者幾乎人人都有頂戴，即使不是實缺官員，也為候補、候選、記名之類，無此資格者反倒為數極少。而獲得實任者，更是直接或者間接地藉助於曾國藩的薦舉之力。幕僚中二十六名督撫、堂官，五十名三品以上大員，以及難以計數的道、府、州、縣官員，多受過曾國藩的保舉，有的甚至一保再保。至同治十一年（西元1872年）二月曾國藩去世時，其幕僚官至三品者已達二十二人，其中總督四人、巡撫七人。

考證成功者可以有很多觀點，但有一點十分重要，即當眾人擁戴、局面擴展之後，先前的共患難者能否在此時共富貴。這裡著重強調的是一個團隊成功後，領導人物在升官或發財的同時，能否善待昔日共患難的有功者。

曾國藩的做法給予後人許多啟示。曾國藩自咸豐十年（西元1860年）任兩江總督後，為共濟時艱、患難相從的有功者多次上疏，請朝廷不吝其賞，越級提拔。然而，按照清朝吏部的要求，曾國藩必須於上奏時將「何員係何項勞績，奏准宣告」，而且還要條分縷析。這對於一場大戰役、重要行動的首要有功者來說，並不難知曉；但軍務事項紛繁，又怎麼能做到每一次都「分列清楚」呢？曾國藩一如既往地上報，但吏部按照規定辦事，所以很少予以記錄軍功、批准奏請。到攻下天京時，曾國藩所上的保奏已在吏部積壓了二十二件，涉及成百上千人。這

功不己居

一次,曾國藩開始與吏部算總帳了。

攻下天京後,曾國藩兄弟封侯蔭子,主要部屬也榮耀有加。但曾國藩想到的是戰死的以及活著的「有功未賞」者,他要為這些人討公道。同治三年(西元1864年)八月十三日,曾國藩一天連上三摺,有的公開,有的密奏,反映出他「於公於私」界限清楚,但又都有所交代。他先呈上攻打天京時陣亡傷故的五百零一人名單,懇請朝廷「議卹」;對準備「榮歸故里」的數百人,他請求朝廷不能過河拆橋,要讓他們「同戴皇恩,寵耀閭里」。同一天上奏的第二個摺子名為〈保密請免注考語片〉,這也是一份公開奏摺,是對吏部的批評及對湘軍將士的交代,他說自己上奏的保薦案已有二十二件之多,這都是「積年有功之士,所保官階,懸而無薄(兌現)」,將使他們有被朝廷拋棄的「向隅之感」。曾國藩語氣堅定地說,如果每一案都查得清清楚楚,並非數年不能辦成的案子,這對他們很不公平。因此,請皇帝向吏部下旨,「將臣營自(咸豐)十年起所保各案,均免加考,報部核議,即照原單一體註冊」,對現在仍在軍營中出生入死的人「有所激勵」。曾國藩上的第三個摺子是份「密摺」,即直接上給皇帝、慈禧太后的。這裡涉及曾國藩的「私誼」,因此用了「密摺」。在這份密摺中,他講述讓自己「內疚」的幾個人,有健在者,有已故者。曾國藩認為這些人都有「冤屈」,而造成「冤屈」的原因,與曾國藩本人有密切關係。曾國藩請求皇帝、皇太后能夠允准他的請求,為這些人正名。這些人是李元度、江忠

第四章　隱功藏名：低調成就大局

源、何桂珍、劉騰鴻、畢金科五人。曾國藩在委婉上疏中，對李元度、江忠源之事的措辭如下所記：

> 李元度跟隨微臣時間最久，遍嘗艱難險阻，遠近皆知。他在咸豐十年（西元 1860 年）守衛安徽的戰役中，到郡還不滿十天，因為侍王的大批部隊突然到來，抵擋不住以致府城失陷，微臣奏參將他革職拿辦。他在咸豐十一年（西元 1861 年）援助浙江的戰役中，事情還沒了結，就擅自回了老家，而且沿途還謊報打了勝仗，又不全力救援杭州，臣又奏參將他革職留營。議者都認為微臣後參援助浙江之事最為公允妥當，前參把守安徽失之太嚴，而經過自我反省，此事還不是最令臣內疚的。最歉疚的當數咸豐六年（西元 1856 年）春，臣部隊的陸軍在樟樹大敗，江西也無法收拾，依賴李元度力戰撫州來支撐危局。次年臣回原籍，留彭玉麟、李元度兩軍在江西，任憑他們飢困交迫、蒙受譏諷、忍辱負重，幾乎放棄而不顧及他們了，這是一疚。李元度下筆千言，而且條理周全，本來有多方面的才華，司道清要各職，均可勝任，只有戰陣不是他所擅長的。

> 咸豐五年（西元 1855 年）他請命帶兵；咸豐十年（西元 1860 年）夏，微臣又強令他帶兵，未能適才而用，致使他身敗名裂。文宗有李元度未能適才而用的惋惜、人才難得的嘆息，這都是微臣不能知人善任的過錯，此又是一疚。這二疚，微臣累年來，每飯都不能忘記。自己因身居高位，常感恩懷舊，慚感交加。

> 此外微臣還有慚愧之處。江忠源的將才，在當時本可以大

有作為。人們都知道長江水師由微臣建立，而不知道是江忠源提出的建議。咸豐三年（西元 1853 年），江忠源在江西的圍城戰中，一面奏請設立江西水師，一面函請微臣在湖南造船。臣因為沒有錢而最終未能辦成。

後來，江忠源屢次催請救援，微臣因為沒有兵、沒有戰船而無法答應他。等到劉長佑、江忠浚馳援廬州，微臣也不能以一兵相助，以致廬州淪陷，江忠源陣亡，良將不能盡其才，這又是一疚。

此外，在這第三個摺子中，曾國藩也以同樣的心情為何桂珍、劉騰鴻和畢金科明辨是非，申請獎勵或撫卹，申明自己的過錯與內疚。奏疏的最後說道：

> 微臣忝任將帥，以愛惜人才為天職，而歷年來壓抑的人才，實在已是不少。此謹將微臣抱疚的原因，一一上陳。

對於曾國藩的三摺，清廷處理得也十分微妙，對前兩個「公摺」，清廷破例「允准」。這對跟隨曾國藩出生入死十餘年的湘軍將士而言，是個極大的安慰，雖然賞已遲時，但終究對共患難者有所交代。

對屬於「私誼」的密摺奏請，清廷令左宗棠查明李元度之事，等左宗棠奏報時再降諭旨。清廷認為江忠源已蒙厚賞，已無不當之處。其他三人「應如何一併加恩之處」，命曾國藩查明具奏。該年底，曾國藩再上奏疏，又表彰三人功績，請求賜諡，

第四章　隱功藏名：低調成就大局

即欽定諡號，也就是給這三人「蓋棺論定」。其中，何桂珍一事，後來在曾國藩的執著努力下，朝廷也給予交代。

生於憂患

在浩瀚的宇宙中，人類是渺小的。曾國藩主張，人生在世，一定要知道有所畏懼。尤其是在順利的時候，更不能忘乎所以。曾國藩曾經說自己有「三畏」：畏天命、畏人言、畏君父。曾國藩一生，也始終是在如履薄冰的心境中度過的。

道光二十五年（西元 1845 年）五月，曾國藩升了官，他在給弟弟的家書中，表示自己不但不敢高興，反而感到戰戰兢兢。信中說：

這次升官，實在是出乎我的意料。我日夜誠惶誠恐、自我反省，實在是無德承受。你們遠隔數千里之外，一定要匡正我的過失，時時寄信來指出我的不足，務必使累世積下的陰德不要自我這裡墮落。這樣才可以持盈保泰，不會馬上傾覆。你們如果能常常指出我的缺點，就是我的良師益友了。弟弟們也應當常存敬畏之心，不要認為家裡有人做官，於是就敢欺負別人；不要認為自己有點學問，於是就敢恃才傲物。常存敬畏之心，才是惜福之道。

曾國荃懷著鬱悶的心情回鄉養病時，曾國藩曾寫給他一封

信，信中說：

九弟你立志做事，就像春夏發舒之氣；我立志做事，就有秋冬收藏之象。你認為擴散舒展才會有旺盛的生機，而我則認為收斂節儉才會有沉厚的生機。我平生最喜歡古人所說的「花未全開月未圓」七個字，我認為珍惜福祉、保全安康的道理和方法沒有比這個更為精確的了。我們的祖父星岡公過去不論對待什麼人，都是一團和氣，只有對我們這些後輩非常嚴肅，尤其是在逢年過節的時候。我想，這大概是他老人家有意使出來的一種收斂之氣，目的是在於使家中歡樂有度，而不至於太過放縱。我也是到現在才明白他老人家的這一片苦心。

與此相關，曾國藩還講過北宋大臣呂惠卿的故事。呂惠卿因積極支持宰相王安石「變法」，由王安石推薦當上了參知政事（副宰相）的要職。可是，他竟利用推行「變法」之機為非作歹，引起人們的強烈不滿，對「變法」的推行造成很大的負面影響。

某一年春天，呂惠卿到某道觀遊覽，聽說有一位道士善詩，就指著天空中的風箏，要道士作詩一首。道士於是吟道：「因風相激在雲端，擾擾兒童仰面看。莫為絲多便高放，也防風緊卻收難。」

在這首詩裡，道士借風箏勸告呂惠卿不要因為「絲多便高放」，免得在「風緊」時陷入狼狽境地。「擾擾兒童仰面看」是對當時場景的描繪，同時也是隱喻，意即人們正在看「風箏」的表演。呂惠卿是進士出身，完全理解詩的內涵，卻依舊我行我素，

第四章　隱功藏名：低調成就大局

後來屢被彈劾、貶斥，無人肯伸出援手。王安石晚年回憶往事時，常後悔當年因信任他而誤了改革大事。

「莫為絲多便高放」，這一句的寓意是不要因為手中有權就拚命濫用。曾國藩對此感悟頗深。他任兩江總督時，權勢可謂盛極一時，然而卻更加謹慎，在給曾國荃的一封信中寫道：

捐務公事，我的意思是老弟絕不要多說一句話。人在官運極旺的時候，他們的子弟處理公務時也是格外順手，一唱百和，一呼百應。但這也是最容易生出閒言碎語的時候，怨恨和誹謗也會由此而生。所以我們兄弟在極盛的時候預先想到衰落之時，在百事平順之際想到百事拂逆之時。老弟你以後如果回湘鄉，切記要把不干預公務作為最重要的原則。這是為兄發自肺腑的勸告，你一定要銘記在心。

他還專門寫了一副對聯與兄弟共勉：「為平世之官，則兄弟同省，必須迴避；為勤王之兵，則兄弟同行，愈覺體面。」

在曾國藩的日記裡，還記有這樣一則歷史典故。田單攻打狄人的城邑，魯仲連預料他攻不下，後來果然三個月都沒能攻下來。田單向魯仲連請教原因，魯仲連說：「我看到將軍您在守衛即墨時，坐下就編織草筐，站時就用鍬挖土，士兵全都以將軍做榜樣。全軍上下抱著捨生忘死之心，一聽到您的號令，沒有人不拚死出力的，這是您之所以能打敗燕國的原因。但是現在，您東面有封地的稅租，西邊有淄水之上的遊玩之地，腰間佩戴著金光閃閃的寶劍，盡情享受著快樂，早就沒有了殊死作

戰之志。這就是您現在不能取勝的原因啊！」

這個故事看來對曾國藩影響很大，他認為魯仲連的話很有道理，在湘軍收復了江寧城後，曾國藩看到湘軍上下一派驕奢淫逸之氣，就知道已經不能再繼續重用他們，於是就上報朝廷，將他們全部遣散回原籍務農去了。

後來，曾國藩受命前往山東、河南一帶圍剿捻軍時，極少湘軍跟隨，任用的都是淮軍。淮軍的將士雖然士氣高昂，但也缺少憂患意識，曾國藩就暗自為他們擔心，怕他們不能承擔平定天下的重任。

莊子云：「兩軍相對，哀者勝矣」。魯仲連說的：「憑藉憂和勤能勝，而由於娛樂失敗」。也就是孟子所謂「生於憂患，死於安樂」之意。做事不能沒有憂患意識，用憂患意識和危機意識來感染戰士，用昂揚的鬥志來振作三軍的士氣，這兩種作法都能夠獲得勝利，只在於主帥是否能審時度勢善加運用罷了。

勇於承擔責任

縱觀曾國藩的一生，他始終竭力主張保持積極進取的心態，這應該是其人生的核心思想。在曾國藩這種精通「進退做人」之道的人看來，有的人條件看似極好，卻總是與成功無緣，而另一些人卻在極為困難的情況下取得成功。經過考察，曾國藩認

第四章　隱功藏名：低調成就大局

為，成功者總是那些積極的人，也就是那些抱有夢想並且不安分的人。他們或許沒有四平八穩者的老成，但是也沒有怠惰與消沉。難怪現在有人說，在社會叢林中，「唯有偏執狂才能成功」。

曾國藩二十一歲在湘鄉漣濱書院讀書時，為了勵志，將自己的號改為「滌生」，就是取滌除舊習、煥然一新之意。曾國藩自青少年時代就「銳意功名，意氣自豪」，立志「不為聖賢，便為禽獸」，為光宗耀祖、報效朝廷做出一番轟轟烈烈的大事業。這種志向在他的詩作中得到充分展現，比如他的詩中寫道：「浩浩翻江海，爭奔且未闌。古來名利客，誰不到長安。」他還曾躊躇滿志地發出了「莫言儒生終齷齪，萬一雉卵變蛟龍」的感慨！

曾國藩二十三歲考取秀才，二十四歲考取湖南鄉試舉人，然後遠離家鄉赴京城參加會試，但兩次會試都落第。不過他並不氣餒，反而更加堅定了「天生我才必有用」的信念。

「去年此際賦長征，豪氣思屠大海鯨。湖上三更邀月飲，天邊萬嶺挾舟行。竟將雲夢吞如芥，未信君山剷不平。偏是東皇來去易，又吹草綠滿蓬瀛。」這首詩是曾國藩兩度會試名落孫山之後寫的，足以證明他的遠大抱負並未因落榜而受挫。「竟將雲夢吞如芥，未信君山剷不平」的豪放激昂氣概，百折不撓的精神，令人欽佩，給人一種積極進取的巨大力量。

曾國藩的進取精神不是一般人所能企及的，他的成功建立在自尊、自信、自強的意志上。他還堅信：「苟有富必能潤屋，苟有德必能潤身，不必如孔子之溫良恭儉，孟子之睟面盎背，

而後為符驗也。凡盛德之君子,必有非常之儀範,是真龍必有雲,是真虎必有風,不必如程門之遊、楊、尹、謝,朱門之黃、蔡、陳、李,而後為響應也。凡修業之大,人必有景從之徒黨。斯二者,其幾甚微,其效甚著,非實有諸己,烏可幸致哉。」也就是說,能夠「呼風喚雨」的人,表面上看起來權大勢大,眾人不得不從,實際上只有以品格自立,才能號令天下。

直到晚年,曾國藩對其少年時的銳意進取仍給予了充分肯定,他說:「少年不可怕醜,須有『狂者進取』之趣,過時不試為之,則後此彌不肯為矣。」為此,他還專門作了一首奮發圖強之詩,詩中寫道:「濫觴初引一泓泉,流出蛟龍萬丈淵。從古精誠能破石,薰天事業不貪錢。腐儒封拜稱詩伯,上策屯耕在硯田。巨海茫茫終得岸,誰言精衛恨難填?」

積極的心態和強烈的進取意識,使曾國藩在悉心研究儒家文化特別是程朱理學的同時,更加傾心於經世致用之學。曾國藩所謂經世致用之學,包括政治、經濟、法律、軍事、社會民生。實際上,就是治國平天下的學問。曾國藩在提倡經世致用這個問題上的貢獻,不僅僅在於他自己身體力行,而且在於他在桐城派提出的「義理、考據、辭章」的基礎上,加上一個「經濟」,使之明確成為一項學術綱領。在曾國藩看來,義理之學與經濟本來就是統一的,但有時也容易出現「詳於體而略於用」的傾向,所以他要將「經濟」突顯出來,使之與「義理」並列,從而避免忽視經世致用的弊端。曾國藩明確指出他所提出的義

第四章　隱功藏名：低調成就大局

理、考據、辭章、經濟是四種「為學之術」，從而使之成為理學經世派的理論綱領之一。

在曾國藩看來，要學以致用，就不能讀死書、死讀書，而是必須把書上的知識與現實的需求緊密結合起來。因此，早年在京做官期間，曾國藩便開始研究「實學」，例如為了掌握地理知識，曾國藩經常是左圖右書，徹底探究，這為他後來的行軍作戰奠定了扎實的基礎。

從軍以後，曾國藩更是熟讀兵法，並努力在實踐中加以驗證。他根據自己的實踐體會到，讀書與用兵完全是兩回事。古代有些名將，如西漢的韓信、東漢的皇甫嵩等，並沒有聽說他們著書立說；近代的戚繼光，能著書立說但其指揮的戰事影響並不大；像孫武這樣有實踐又有理論的軍事家，畢竟少見。但一個想有所作為的將軍，就不能不讀書，尤其是兵書。例如，為了攻克金陵，曾國藩曾翻閱過大量古籍，分析了數十個越鎮或越寨進攻的戰例，其中有成功的，也有失敗的，並歸納整理成文，從中總結成功經驗和失敗教訓。比如，有一篇就是探討唐太宗親征高麗的。說太宗攻下蓋牟等城後，到達安市，將要決戰，對方合兵布陣，長達四十里。江夏王李道宗說：「高麗傾國以抗王師，平壤之守必弱，假臣精卒五千，覆其本根，則數十萬之眾，可不戰而降。」太宗不准許。後來大軍進攻安市，沒有攻下。曾國藩評論說：李道宗請越過安市進攻平壤，這是一條充滿危險但能出奇制勝的妙計。他為太宗不用其計，最終無

功而返而感到惋惜。

在所有記載戰爭的史書中，曾國藩最欣賞的是《史記》。他說：「除班（固）馬（司馬遷）而外，皆文人以意為之，不知甲仗為何物，戰陣為何事。浮詞偽語，隨意編造，斷不可信。」然而，即使對《史記》，曾國藩也是心存疑慮的，他曾在日記中記下了讀《史記》的體悟，他寫道：「《史記》描述韓信擊敗魏豹，是利用木罌（小口大肚的木甕）使軍隊渡河。其破龍且，是用囊沙（沙袋）堵住水道。魏豹以大將柏直抵擋韓信，以騎將馮敬抵擋灌嬰，以步將項他抵擋曹參，如此看來，雙方的兵馬不下萬人，木罌能渡多少人過河，至多不過兩、三百人，這怎麼能取勝呢？沙囊壅水，下可滲漏，除非動用役夫嚴塞，斷不能築成大堰。從事實上考慮，這兩件事都不可信。」

常言說：「取法乎上，僅得乎中。」從個人角度來看，一個人能否成功，與其對自己的定位是高還是低有著密切關係。一個自視甚高但又不狂妄自大的人，一個志向高遠並能腳踏實地的人，無疑會有更多的成功機遇。一個人妄自菲薄，目光短淺，甘居庸人而自樂，則注定會成為一個凡夫俗子。曾國藩就是一個將自己定位極高同時又不自大的人。例如，面對日趨腐朽的清朝，曾國藩痛心疾首，在〈欲雪國仇詩〉中寫道：「壯歲耽經訓，艱難始一隅。力耕無近獲，陟古有通衢。茅塞由來久，蓬生且待扶。國仇猶未雪，何處著迂儒？」在編練湘軍之初，曾國藩還在請其好友出山的一封信中寫道：「肥遯以鳴高，蔬食以自

第四章　隱功藏名：低調成就大局

足，入山唯恐不深，入林唯恐不密，乃市井尋常人的做法，絕不應該是有作為的人所採取的態度。」曾國藩積極入世的心態十分明顯。正是帶著這種強烈的入世心態，他時時刻刻都在回應時代和國家的召喚。

為了實現自己的抱負，同時也讓自己融入時代的政治舞臺中，曾國藩對朝廷可以說是唯命是從。皇上要他辦團練，他就去辦團練；皇上要他打武昌，他就去打武昌；皇上要他赴天津，他就赴天津；皇上要他滅捻軍，他就去滅捻軍。儘管有時他做得很勉強，很不情願，但還是竭力去做。因為，他要求自己像歐陽脩那樣，「如有差事，盡心向前，不得避事」。不得避事，這正是曾國藩作為人臣的信條。它的真正含義就是，勇於承擔責任，積極參與，不當旁觀者，尤其是在時局危難甚或是個人鬱鬱不得志時，更不能退隱「世外」。

淡泊名利

曾國藩曾經說：「古人稱立德、立功、立言為三不朽。」他至死都以自己不能達到這樣的境界而感到慚愧。然而，曾國藩是一個飽讀詩書的人，對於歷史上因為過於汲汲於名利而喪身敗家的先例，十分熟悉，並且時時引以為戒。

曾國藩認為，無論是為人還是做官，都不能太貪心。在名利問題上，人應該以「恬淡」之心處之，學會「盡性知命」。他在

日記中寫道:「近年來焦慮之事非常多,沒有一天是坦坦蕩蕩地度過的,都是由於名利之心太急切,世俗之見太重所導致的。現在要想消除這兩種弊病,必須從『淡』字上著力。功名富貴一概淡然忘卻,這樣才能使自己的心境自由自在。要想胸懷寬廣,就必須致力於『平淡』兩個字上。凡是為人處世,都要有平常心,對於功名要看得淡一些。這樣心胸才能日益開闊。」

同治年間,曾國藩的九弟曾國荃一心想得到一個人打下金陵的大名,但是打了很長時間都沒有攻下來,外界因此產生很多對曾國荃不利的說法,湘軍內部的矛盾也隨著日子過去越加顯著,曾國荃十分焦躁,導致生了肝病。曾國藩多次寫信相勸,勸他「不要代天主張」,古往今來,凡成大事,人謀居半,天意居半。往往出力的人並非就是成名的人,成名的人並非就是享福的人。對於名利二字,要看得淡一些才行。這一次行動,像克復武漢、九江、安慶,出力之人就是成名之人,以天意來說已經算是十分公道了,但這是不可靠的。他告誡曾國荃僅在盡心盡力上下功夫,成名這兩個字則不要管了,享福這兩個字就更不必問了。

曾國藩還告誡曾國荃,即使攻克了金陵,也應該明白不要居功的道理,認為「富貴功名,都是人世間的浮榮」,只有「胸襟開闊」才是「真正的財富」。同治三年(西元1864年)六月十六日,湘軍最終攻下金陵,將轟轟烈烈的太平天國運動鎮壓了下去。這本是曾國藩與湘軍將士苦戰多年的結果,而曾國藩卻在上疏

第四章　隱功藏名：低調成就大局

中將攻克金陵之功完全歸於朝廷，表現得十分理智。

與曾國藩不同，曾國荃是個追求「百尺竿頭，更進一步」的人。攻陷金陵之後，曾國荃認為全是他一人的功勞，朝廷應該給他更多的賞賜才對，所以經常發牢騷。曾國藩對此十分擔心，他告誡曾國荃說：「自古有幾個人享有高位、重權及廣大名聲之後，最後還能保全自己的呢？你縱然倨大本事，但你必須將一半功勞讓給老天爺才行。」

為了開導鬱鬱不平的曾國荃，曾國藩還寫了一首詩：「左列鍾銘右謗書，人生隨處有乘除。低頭一拜屠羊說，萬事浮雲過太虛。」詩中用屠羊說的典故，教導曾國荃要把名利看得淡一些。

楚昭王時有一個賣羊肉的屠夫，名說，人們便叫他屠羊說。事實上，屠羊說是一個有才能的隱士。伍子胥為了報父兄之仇，率領吳軍打敗了楚軍，楚昭王被迫流亡。屠羊說跟著昭王一起逃亡，途中為昭王排憂解難，立了很大的功勞。後來，昭王復國了，大賞那些與他共患難的隨從。

當昭王要賞賜屠羊說時，屠羊說卻不要賞賜，他說：「當年楚王失去了他的國家，所以我失去了賣羊肉的攤位。現在楚王恢復了故土，我也恢復了我的羊肉攤，這樣就等於恢復了我原有的爵祿，還要什麼賞賜呢？」然而，楚王一定要賞賜他，屠羊說又說：「楚王丟掉了國家，不是我的過錯，所以我沒有請罪殺了我；楚王奪回了國家，也不是我的功勞，所以我也不能領賞。」屠羊說越是不要賞賜，楚王越要賞賜他，而且一定要召見

他。屠羊說依然不為所動,說:「依據楚國的規矩,只有立了大功、應受大賞的人才可以進見大王,我屠羊說智不足以存國,勇不足以殺寇,吳軍打進郢都的時候,我只是因為害怕而跟著大王逃跑,並非是為了效忠大王。現在大王非要見我,這是違背楚國規矩的事情,我可不想成為天下人的笑話。」

昭王聽了這番話,感慨地說:「屠羊說只是一個殺羊的屠夫,地位卑賤,說的道理卻如此高深,這是一位賢人啊!」於是就派司馬子綦親自去請屠羊說,要「延之以三旌之位」,也就是要讓他做地位最高的卿(大臣)。

不料屠羊說卻不肯接受,他說:「我知道卿的地位,比我一個賣羊肉的不知要高多少倍,卿一年的俸祿,恐怕是我賣一輩子羊肉也賺不來的。可是,我怎麼能夠因為自己貪圖高官厚祿而使國君得到一個濫行獎賞的惡名呢?我不能這樣做,還是讓我回到我的羊肉攤吧!」

曾國藩舉屠羊說的例子就是要讓曾國荃明白:不要太看重名利,對名利要淡然處之。他認為,無論是為人、做官,都不能太貪心,都必須知足。在名利問題上,應該以「恬淡」之心看待,學會「盡性知命」,這樣才能做到持盈保泰。

曾國藩涉身軍務,戰爭的激烈、殘酷,人事上的相互猜忌、爭權奪利,時時刻刻讓他處於緊張焦慮之中。為此,曾國藩經常感到身心疲憊。對於自己身體狀況的描述時常載於他的日記和與朋友往來的書信中,而一旦談及身體狀況,就免不了涉及

第四章　隱功藏名：低調成就大局

古人心胸開闊、恬然物外的自怡之趣，曾國藩對此充滿了羨慕之情。

心胸寬廣，把生死置於腦後，名利置於腦後，這樣才會置心物外，身心舒暢，但曾國藩常常做不到這一點，經常為了博得一個好名聲而茶飯不思，寢食難安。對此，曾國藩心欲改之而又無可奈何，曾國藩就是在這樣的矛盾和不斷自我反省中度過一生。一方面，功名利祿心很強，這是他最初踏上仕途的原因和動力；但另一方面，曾國藩的身體狀況不是很好，長時間的舟車勞頓、軍政要務讓他時刻不得安寧，這更帶給他的身心沉重壓力。為此，曾國藩不得不想盡一切辦法緩解，學習古人淡泊名利的心態是他長期的追求。但人的性格一旦生成，往往很難有所改變，更何況曾國藩身居高位，政務、軍務纏身，要說不計名利是不可能的。他能夠實踐的就是不斷提醒自己，不斷以古人中心胸開闊者為學習榜樣，讀他們的詩作文章，體會他們從中表達出來的光明磊落之心。

道家為破除名利的束縛，主張無為，佛家則乾脆教導人們遠離紅塵。這兩種辦法棄功名如糞土，故無拖累。但僅考量到個人的快樂，非有責任感、使命感的聖賢豪傑所希望的。人生於世，苦難眾多，志士仁人，更應以治國安民為己任，此外又要不受名利之累，就更加困難。「淡」的妙處，不但不妨礙成大業、做大事，還為自己留出一片安閒自得的天地，享受人生，同時也得以推動事業，正是兩全其美之法。

眾人之私成就一人之公

在曾國藩多年的仕宦生涯裡，有一個「合眾人之私，以成一人之公」行之有效的辦法，就是廣薦人才。曾國藩認為，人才是靠獎勵造就出來的，即使是中等之才，如果獎勵得當，也可能成大器；如果一味地貶斥，就會變得庸碌而不可用。如果不知道這個道理，就一定無法妥善用人。所以曾國藩利用幕府保舉高官的方法訓練、培養出大批人才，並委以重任，以至「薦賢滿天下」。如此這般，保舉也就成為了曾國藩吸引人才、激勵士氣的主要手段。

曾國藩從軍之初，對這一點體會並不深刻，一直堅持「不妄保舉，不亂用錢」的做法，結果「人心不附」。如咸豐四年（西元1854年）曾國藩帶兵攻下武漢，「僅保三百人」，受獎人數僅占百分之三，咸豐五年（西元1855年）和咸豐六年（西元1856年）保奏三案，合計僅數百人。而胡林翼攻占武漢一次即保奏「三千多人」，受獎人數竟達到百分之二、三十。消息傳開，不少人認為欲求官職投曾不如投胡，往往曾國藩挽留不住的人才都會主動投奔到胡林翼門下。起初，曾國藩還以為是自己德不足以服眾，後來漸漸發覺主要原因是自己保舉太少，使人感到升遷無望才會如此。回顧往事，曾國藩亦甚感愧對李元度等與自己患難與共的僚屬，他們長期處於下位，實際上與自己保舉不力有關。對此，好友劉蓉多次向曾國藩進言，並舉楚漢之爭的例子

第四章　隱功藏名：低調成就大局

使曾國藩深受觸動。後來，趙烈文又上書懇切進言：

閣下愛賢好士，天下所共知。遠者可無論，僅左右人士屈指可數者，是士負閣下耶？還是閣下以為無益而棄之耶？我以為知之不難，而忘之實難。泰山之高以其不棄糞壤，滄海之大，以其不拒濁流，天下分崩，人志日囂，凡其器能略過儕輩，咸思奮自樹立，四顧以求因依，真偽雖不一端，未嘗無也。苟非賢傑以天下為己任，流俗之情大抵求利耳。使誠無求，將銷聲匿跡於南山之南，北山之北，又肯來為吾用耶！是以明君給人之欲，不失其意，責人之力，不求其情，故人人自以為得君，頂踵思效，合眾人之私以成一人之公，所以能收效也。夫與人共患難之際，而務慎密於登進，殆自孤之道也。謂宜多儲廣納，收其偶然之用，其有誤濫，則亦為損甚微，而以獲好賢之稱，利甚厚也。軍旅之間，一技不沒，有道以御之，孰不思盡其力。況賢否之分，不可倉卒，士有造次傾動，亦有闇然日章，觀人之難，及久而後可盡也，故曰「賢主求才終日，及其得人，不出閭巷」，信篤論也。自古英霸之略，汲汲不遑，唯有求賢自助而已。而士恆偃蹇不樂者，徒以既出則當分人之憂，非榮寵安樂已也。自後世志節凌夷，以干謁為進身之階，一登仕途，有利無患。於是，遊談之士爭扼腕而言利害，雖衡石程書猶不可計，是使周公在今亦將爽然而廢吐握，何論餘者。閣下奮其勇智，矯世違俗，懇誠拳拳，千里之外，將共興起。尤望敦尚儒者骨幹之士，以佐不及，寬以納才，嚴以責效，是實安危之大端，治亂之所存也。

趙烈文的話講得入情入理，尤其是「合眾人之私以成一人之公」，令曾國藩為之動容，於是他「揣摩風會，一變前志」。他從咸豐十一年（西元1861年）起改弦更張，在保舉方面也不再像過去那般慎重，開始效法胡林翼，大保幕僚。

曾國藩的保舉，主要有匯保、特保、密保三種形式，它們分別反映不同的情況、級別、待遇。湘軍每攻占一城、奪回一地或打了一次勝仗，曾國藩就辦一次匯保之案，使大批人得到獎賞。在獎勵作戰有功人員的同時，他也以功績奏保一部分辦理糧臺、文案、善後諸務的幕僚。特保多以薦舉人才的方式保奏，如咸豐十一年（西元1861年）曾國藩以常州士紳辦團練堅守危城為由，一次就特保周騰虎、劉瀚清、趙烈文等六人。密保之案則專為立有大功或特別優異的人才特別辦理，或專具密摺，或夾帶密片，如保奏左宗棠、沈葆楨、李鴻章之密摺等。

為了使廣大候補府縣均有補缺的希望，曾國藩還特別制定委缺章程，使出類拔萃的人才儘早得到實缺，一般人才也有循序升遷的希望。對於幕僚的保奏，曾國藩實際上也是採用這種辦法。追隨曾國藩多年的幕僚，像李榕、李鴻裔、厲雲官等才華橫溢的人早已位至司道，而方宗誠等人則直到同治十年（西元1871年）才得以擔任實缺知縣。中才以下的人，只要勤勤懇懇，忠於職守，曾國藩同樣讓他們有升遷的希望。

曾國藩辦團練之初，自身難保，為了謀求一個實缺等了將近七年之久，所以根本沒有能力保舉屬下。咸豐四年至咸豐七年

第四章　隱功藏名：低調成就大局

（西元 1854 年至 1857 年），曾國藩第一次帶兵出省作戰期間，就很少保奏幕僚。他在為父丁憂時曾為此甚感苦惱，覺得很愧對與自己患難多年的幕友李元度、甘晉等人。咸豐八年（西元 1858 年），曾國藩再度出山後，比起過往他保奏的幕僚開始增加，但又常遭議駁，很難獲得批准。咸豐九年（西元 1859 年），曾國藩保奏李鴻章升任兩淮鹽運使，就沒有得到批准。

曾國藩漸漸掌握了實權，尤其是出任兩江總督、欽差大臣後，是既有地盤又受清廷倚重，不要說保奏候補官職，就是請旨簡放實缺，也沒有不獲批准的。這一時期，曾國藩保奏人數之多、官職之高都是先前難以想像的。此時，清廷對曾國藩的奏請幾乎有求必應，以致咸豐十一年（西元 1861 年）至同治四年（西元 1865 年）的五年之中，曾經在曾國藩府中做過幕僚的五位道員全部被破格重用，分別任江西、江蘇、廣東、湖南等省巡撫；沈葆楨、李鴻章由道員直升巡撫，他們兩人是極為少見的例子；郭嵩燾、李瀚章則兩年之中連升三級，由道員升至巡撫。

同治三年（西元 1864 年）六月，湘軍攻占金陵後，清廷開始對地方督撫的權力略加限制，吏部頒布新章規，凡各省保薦人員，尋常勞績概不准越級保升及留省補用，對糧臺保案更加嚴厲挑剔。曾國藩為了避免遭議不得不變換手法。其後他保奏幕僚，多以整頓吏治、薦舉人才為託詞，在其北上與捻軍作戰和移督直隸前後，又保奏了大批幕僚升任實缺。

眾人之私成就一人之公

曾國藩的幕僚追隨他出生入死，為他出謀劃策，曾國藩自然也要給予他們實際的利益。曾國藩保奏幕僚是有條件的，那就是要確實為他做事，否則他是不肯保舉的。劉瀚清的例子最能說明這點。劉瀚清是江蘇武進人，原是湖北巡撫胡林翼的幕僚，負責草擬奏稿，很受胡林翼的器重。咸豐七年（西元 1857 年）四月，太平軍席捲蘇、常，胡林翼病情日危，劉瀚清在幕主及形勢危殆之時，辭歸鄉里，引起胡林翼和曾國藩的不滿。胡林翼於同年六月保奏十六人，劉瀚清不在其列。同治元年（西元 1862 年），劉瀚清進入曾國藩幕府，之後又隨他北上鎮壓捻軍，但曾國藩移督直隸時，劉瀚清又遲疑不肯隨行。在曾國藩的眼裡，劉瀚清是不能擔重任的人，因此雖然對他的才氣很是敬重，但就是不保舉他，所以劉瀚清在仕途上始終沒有什麼發展，最後擔任上海預備學校校長，負責培訓赴美留學生。

此外，曾國藩還不願保奏三種人：一是才高德薄名聲不好的人，二是才德平平升遷太快的人，三是個人不願做官的人。第一種人往往是一經保舉，即遭彈劾，心欲愛之，實卻害之。周騰虎就是剛受到保奏，就遭連章彈劾，導致憂鬱而死。曾國藩從此以後記取教訓，當屢遭彈劾、名聲極差的金安清在幕中為他出力效命之時，力排眾議，堅持只用其策，不用其人，並在給曾國荃的信中解釋說：「今若多采其言，率用其人，則彈章嚴旨立時交至，無益於我，反損於渠，余擬自買米外，不復錄用。」第二種人如惲世臨、郭嵩燾等，都是經曾國藩直接或間接

第四章　隱功藏名：低調成就大局

地保奏，在兩年之內連升三級，由道員越級擢升巡撫，又因為名聲不佳、升遷太快而被彈劾降職。曾國藩也從此記取教訓，等到同治四年（西元 1865 年）九月，朝廷打算讓丁日昌署理江蘇巡撫而徵詢曾國藩的意見時，曾國藩就直抒己見：「丁日昌以江西知縣，因案革職，三年之內開復原官，薦保府道，擢任兩淮運司，雖稱熟習夷務，而資格太淺，物望未孚。洋人變詐多端，非勛名素著之大臣，不足以戢其詭謀而懾其驕氣。該員實難勝此重任。」最終，朝廷接受了曾國藩的意見，隨即撤銷此議。至於第三種人，本人不願做官或不願受人恩德，受保之後不以為恩，反成仇隙，說來頗令曾國藩傷心。曾國藩在給曾國荃的信中談到了保奏之難，他說：「近世保人亦有多少為難之處，有保之而旁人不以為然反累斯人者，有保之而本人不以為德反成仇隙者。余閱世已深，即薦賢亦多顧忌，非昔厚而今薄也。」

第五章

穩中求進：中庸之道的智慧

第五章　穩中求進：中庸之道的智慧

剛柔並濟

曾國藩認為，一個人只有自立自強才能成就大事。綜觀歷史上諸多聖王賢相、功臣名將、聖賢哲人，他們之所以能夠獲得成功，就是因為他們身上不乏剛毅挺拔之氣。這是一種超凡脫俗的氣概，一種勢不可當的力量，一種堅不可摧的自信。這就是人們常說的「剛」。剛是一個人的骨架，靠著這副骨架，人才能站立於世，才能克服大量的困難險阻，才能超越常人，戰勝恐懼、悲觀、消極，才能使生命之潛能無限地釋放出來。人若無剛則無以自立，若不能自立則無以自強。剛是人類生命運動中最大的泉源，否則，生命則變得無動力、無價值、無意義。

在曾國藩很小的時候，祖父就以「做人以『懦弱無剛』四字為大恥」為訓。從此，曾國藩堅持認為，「剛強」二字對於人生必不可少，「功業文章」都必須貫串於這兩個字中，否則就會一事無成。曾國藩是這麼說的，也是這麼做的！另外，曾國藩的剛，除了受祖父的影響外，還深受其母親的影響。曾國藩的母親江氏精明能幹，比丈夫大五歲，夫妻倆共育有五子四女，家中事無鉅細，皆由江氏一手操持。江氏把家事料理得有條有理，對丈夫照顧周到、體貼備至。正是由於曾國藩的母親江氏最樂於「勞於內」，其丈夫和諸子才都善「勞於外」，曾家才更趨興旺發達，也才有長子曾國藩長大後的剛強。

曾國藩早年在京城做官時，不怕風險、不計任何個人得失

剛柔並濟

地與那些名氣大、地位高的人抗爭，具備了挺然自立、不畏強禦的精神。因為「剛」得有點過火了，所以他處處受排擠，經常成為輿論諷喻的中心，遭遇了諸多曲折磨難。

在湘軍建立之初，曾國藩以程朱理學為立身之本，胸中充滿了正直剛強之氣，對作為友軍的綠營兵和當地其他武裝民團的無能嗤之以鼻。就因為這一點，他不知道得罪了多少當地的官紳和其他鎮壓太平軍的武裝勢力。於是，在缺乏軍需供給和友軍支援的情況下，湘軍作戰時總是孤軍深入，被石達開打敗了三次。曾國藩在帶兵四年後，被咸豐皇帝以父喪守制的名義趕回了老家。父喪、軍事失利、官場的嚴重排擠對他都是沉重的打擊，在很長的時間內，他意志消沉，精神上非常痛苦。

正是這次守制使曾國藩有時間好好反思自己，經過此次的思考，曾國藩意識到古往今來，許多功臣名將都是由於過「剛」而遭遇不幸的。關龍逢、比干由於剛直不阿、直言進諫，而慘遭夏桀和商紂的殺戮；海瑞由於秉性耿直乏柔而一生坎坷不受重用。曾國藩在實踐中逐漸意識到過剛易折，易折則無法達到自強之目的，他在秉承祖訓的基礎上，根據自己的親身體會總結出：「近來見得天地之道，剛柔互用，不可偏廢，太柔則靡，太剛則折。剛非暴虐之謂也，強矯而已；柔非卑弱之謂也，謙退而已。」柔是手段，剛是目的，只有剛柔相濟，才能達到自立自強的目的。

曾國藩是一個善於從古代先哲身上汲取智慧的人，也是一

第五章　穩中求進：中庸之道的智慧

個善於把所學知識與人生經驗連繫起來思考的人。在對前途、信念以及自己的身體近乎絕望的情形下，曾國藩重讀《道德經》。這次，他終於讀懂了老子「柔弱勝剛強」的微言大義，悟出了「大柔非柔，至剛無剛」的真諦，能克剛之柔，比剛更剛。他悟出了一個新的思考方式，即孔孟和老莊並不對立，入世出世相輔相成、互為補足。這樣既可以建功立業，做出一番轟轟烈烈的事業，又可以讓自己保持平靜謙遜的心境。他曾提到，《莊子·山木》中講到了東海有一種名叫「意怠」的鳥，這種鳥非常柔弱，總是擠在鳥群中苟生。它飛行時既不敢飛在鳥隊的前端，也不敢飛到鳥隊的尾端；吃食的時候也不爭先，只撿其他鳥吃剩的食物。所以，它既不受鳥群以外的傷害，也不引起鳥群之內的排斥，終日優哉游哉，遠離禍患。從這則故事可以看出：柔，並不是卑弱和不剛，而是一種魅力，一種處世的方法。

「柔弱勝剛強」是老子的著名論斷，老子說：天下沒有比水更柔弱的東西了，但是水可以沖擊任何堅硬強大的東西，沒有能勝過它的，也沒有什麼東西能夠替代它。以柔制剛，以柔克剛，運用於人格的自立自強上，往往會產生特殊的效果。

人生在世，太剛則易折，太柔則懦弱。如同水火，過於偏向哪一邊都會釀成滅頂之災。古人說得好，能柔能剛，其國彌光，能弱能強，其國彌彰。純柔純弱，其國必削。純剛純強，其國必亡。對於剛與柔，曾國藩是這樣解釋的：「遇險而怯為柔，知難而挺曰剛。君子柔且剛，剛且柔，不畏強禦也。心力不

剛，多中道沮廢，行世過柔，則逆來順受。為柔，月缺不改光；為剛，劍折不鈍鋒。」這段話的意思就是說：剛柔之道的核心就在於，剛可壓柔，柔可克剛。

曾國藩在實踐中逐漸意識到剛只可對己，不可對人。對人過剛，則易折，易折則無法達到自強之目的。於是，曾國藩在秉承祖訓的基礎上，又根據自己的親身體會得出結論：人不能只具備「骨架」，還要具備「血肉」，只有如此才能成為一個充滿活力的人，而「柔」就是一個人的「血肉」，是最富有生命力且使人長久挺立的東西。

咸豐八年（西元 1858 年）六月，再次出山的曾國藩，一改昔日過剛的性格，首先去見了駱秉章和左宗棠，以期取得湖湘實力派人物的理解與支持。曾國藩來長沙幾天，拜遍各衙門，就連小小的長沙、善化縣衙他也親自造訪。堂堂湘軍大帥，如此不計前嫌、謙恭有禮的舉動，使湖南官場人人都感到再次出山的曾國藩像換了一個人。既然曾大帥如此謙恭，他們怎能不以禮相待？於是紛紛表示全力支持湘軍，要兵給兵、要勇給勇、要餉供餉，消滅「長毛」。

曾國藩在長沙逗留十幾天，隨後乘船到了武昌。在武昌亦如長沙一樣，他衙衙拜訪、官官恭問，胡林翼自不必說，武昌城裡的官員也都表示支持曾國藩，與湖南一樣，為湘軍供餉供械。然後，曾國藩又沿江東下，來到黃州府下游五十里處的巴河，這裡駐紮著彭玉麟的數營水師，湘軍大將彭玉麟、李續賓、鮑

第五章　穩中求進：中庸之道的智慧

超、李元度、楊國棟、彭壽頤、曾國華等人都集中在這裡,等著與曾國藩商量軍機。

在彭玉麟的座船上,曾國藩與這些闊別一年多的部下見面。他們商量了下一步的行動。曾國藩提出,湘軍的最終目標是攻下江寧,所以軍事重心不能離開長江兩岸的數省,力量要由西向東推進。曾國荃的吉字營繼續圍攻吉安;李續賓、彭玉麟、曾國華、鮑超等營進入安徽戰場,落腳點是安慶;其餘各部隊則由曾國藩本人率領,奉旨馳援浙江。

計議已定,諸軍按計而行。曾國藩親率蕭啟江、張運蘭、吳國佐各部隊援浙;李續賓撥出部隊中朱品隆等兩百餘人任曾國藩的親兵護衛營。曾國藩命部隊到江西河口鎮集結,自己則去了南昌,拜會江西巡撫耆齡。耆齡深知曾國藩再次出山的來頭,也不敢像陳啟邁、文俊那樣為難曾國藩,主動答應為湘軍供給糧草、軍餉,這就使湘軍基本上解決了軍餉難題。

經歷了一路的風風雨雨,特別是嘗過了「過剛」的苦頭之後,再次出山的曾國藩以「柔」行事,處處順風,占盡人和,完全改變了守制前的尷尬困守地位。

從恃強之敗到以柔克剛,曾國藩從此意識到,要成就一番事業,又要避免被環境所吞噬,就要運用到與世沉浮以自保的「柔」的智慧。「柔」還代表著一種活力。人活著表現為「柔」,人死了則僵;草木活著「柔」,死了則枯。外表的「柔」能夠幫助自己達到「剛」的目的,因為這種「柔」並不是骨子裡的柔弱。人

生在世不可一味懦弱,「柔」並非懦弱,一味地「剛」也不是處世的原則,做人應剛柔相濟,身處逆境方能自強,得意之時方能自省,這樣才能立於不敗之地。

以屈求伸

從跌倒處爬起來的是強者,強者並不一定有多麼過人的本領,但一定能及時伸手抓住每一次良機,並以此點亮自己的前程。曾國藩在為父丁憂被削除兵權後,在家裡的心情極差,但他明白:機不可失,時不再來。錯失一次機遇的人,必須從中吸取教訓,否則只會重演自己的愚蠢行為。實際上,曾國藩的一生曲曲折折,但能夠不失任何時機,在每一次來之不易的時機上思索出行動目標,這是他之所以有不敗人生的緣由之一。

屋漏偏逢連夜雨。曾國藩在為父丁憂守制期間,被削除兵權,感到百無聊賴。偏偏在這時,左宗棠罵他的話又傳到了他的耳中,他不禁火冒三丈。作為一個理學家,他最講究「誠信」二字,平時總是「誠信」不離口,現在左宗棠罵他「不誠無信」,真是刺到了他的痛處,他的心久久不能平靜。到了晚上,躺在床上,他又想左宗棠說得也有道理,自己的確有做得過分的地方。

由於心情不好,曾國藩在家中性情暴躁,言語粗魯。他常因小事就大發雷霆,訓斥幾個弟媳,責罵幾個弟弟。曾府上下,大家都怕見到他,都不願意見到他,氣氛甚是緊張。

第五章　穩中求進：中庸之道的智慧

　　江西戰場上的湘軍，又不時有些消息傳到曾府來：咸豐七年（西元1857年）七月，湘軍攻占瑞州；咸豐七年（西元1857年）十二月，劉長佑等部隊占領臨江城；咸豐八年（西元1858年）四月初七日，李續賓、楊載福等部湘軍水陸師攻占九江；四月二十日，蕭啟江、劉坤一等攻占撫州城；四月二十四日，由王開化、張運蘭接替王鑫指揮的老湘營攻占建昌府。

　　這些消息並沒有使曾國藩高興起來，反而使他的心情越來越沉重，越來越坐立不安。儘管取得這些勝利的湘軍部隊大多是他一手建立起來的，但現在這些部隊所取得的戰功已與他無關。特別是攻打九江城，他曾經為之耗費了極大的心血，但留下的只是長期無功的譏諷。現在是胡林翼指揮湘軍攻破了這座堅城，李續賓、楊載福等人因此紛紛升官，他的心裡當然不好受。

　　還有件事令曾國藩更為憂慮。據他的推斷，清廷對太平天國的戰爭，將在一年的時間內結束。到時候，安慶將被攻克，金陵也會被占領。這可是對清廷的再造之功，一定有一批人可以因此封王封侯，彪炳千古。他現在這種處境，怕是不能分享到這份勝利的果實了。他的心裡當然非常著急，在給曾國荃的信中寫道：「近來胡潤芝等人皆大有長進，幾乎一日千里，獨我一人素有微抱，此次卻殊無長進。願我弟兢兢業業，日慎一日，到底不懈，則不特為兄補救前失，且可以為我父增光九泉。」

　　曾國藩懷著一顆強烈的入世之心，卻處在無事可做的出世狀態，在自我矛盾中煎熬度日。命運之神在戲弄他，他只好咬

牙等待時機,尋找新的崛起之路。由此可見,機遇在成就人的一生中的重要性。

在曾國藩獲准在家開缺守制的咸豐七年(西元 1857 年)初秋時節,前方戰場出現了微小的變化:七月中旬,湘軍統領劉騰鴻在攻打瑞州時陣亡;安徽南陵、南豐等地相繼失守;八月初,湘軍將領王鑫卒於江西軍營;曾國荃所率吉字營全軍後退⋯⋯

兵科給事中李鶴年擔心敗局擴大,便奏請起用曾國藩赴前線督軍。但咸豐皇帝想起祁寯藻的話:曾國藩「匹夫振臂一呼,幾萬人聽他的,恐怕不是國家之福」,便沒有採納,卻下諭說:「而湖南本籍逼近黔、粵,賊氛未息,團練、籌防均關緊要,該侍郎負一鄉重望,自當極力圖維,急思報稱。」讓曾國藩像四年前那樣,重新辦團練,而且僅限於湖南。這簡直是在折磨人、作弄人,曾國藩接旨後極為氣憤,但對皇上又不能流露絲毫的不滿情緒,便耐心地做了一番文字遊戲,上奏說:「聖主使臣以禮,因時制宜。⋯⋯目下湖南全省肅清,臣當仍遵前旨,暫行守制;如果賊氛不靖,湖南告警,所有應須團練籌防之處,屆時商之湖南撫臣,再行奏明辦理。⋯⋯唯盼各路軍事日有起色,仰紓宵旰之憂,即微臣恪守禮廬,寸心亦得以稍安。」

在奏摺中,曾國藩第一次對至高無上的皇帝採取了委婉的拒絕態度。「聖主使臣以禮,因時制宜」,尖銳地指責了咸豐皇帝未能做到這一點。湖南無須再辦團練,即使賊氛不靖,也是督撫之責,與他無關,充其量是他與湖南撫臣做些商量罷了。

第五章　穩中求進：中庸之道的智慧

與其充任「非官非紳」的團練大臣，還不如開缺在家，恪守丁憂之制。

咸豐皇帝讀後，意識到了自己的疏漏，由於當時戰局還不算太差。因此他硃批道：「江西軍務漸有起色，即楚南亦就肅清；汝可暫守禮廬，仍應候旨。」

曾國藩放心了，他寧可被擱置冷落，也不願意再去辦團練。然而，老莊的道家思想總是與他那不甘寂寞的本性衝突，使他承受著有所作為的欲望和無所作為的現狀之間矛盾的折磨。這種折磨使他痛苦不堪，雖然他仍舊每天早起晚睡，讀書、寫字、散步、種花草，但心境已經大不相同了，焦急、浮躁、憂鬱、失落、躍躍欲試各種情緒雜糅在一起。

十月初，曾國荃回吉安治軍。咸豐八年（西元1858年）三月，曾國華也去了九江的李續賓軍營，曾國藩仍然在家守制。這時，前方的消息不斷傳來：四月初七湘軍收復九江，四月二十日收復撫州，二十四日收復建昌。江西只剩吉安、景德鎮還在太平軍手中。

湘軍的勝利並沒有使曾國藩興奮，因為每一次勝利都使他出山的希望減去一分，但他仍在等待，他心中萌生了一種急切而不可告人的期盼，那就是希望官軍失利，因為只有那樣，他才能重新被任用，成為「力挽狂瀾」的豪傑角色。

上天似乎特別偏愛曾國藩，咸豐八年（西元1858年）初，前方戰事發生了重大變化：石達開率二十萬精銳進入浙江，直

逼金華，遏止了皖、贛、浙三省的交通樞紐，杭州岌岌可危。浙江是清廷的財賦來源和長江下游清軍的主要籌餉基地，因此清廷極度恐慌，浙江提督周天受、江寧將軍和春圍剿不力，浙江大員更是難當此重任，於是咸豐皇帝想到了曾國藩。咸豐八年（西元1858年）六月初三，一道諭旨送到曾家，命曾國藩速往浙江辦理軍務。

等待時機，在家中閒居了十幾個月的曾國藩接旨後，欣喜若狂，他不敢再提「統兵大員必任巡撫方可成功」的要求，而是急忙開始打點行裝。

曾國藩沒有忘記叩謝皇恩，在奏摺中他表示一定會「殫竭愚忱，慎勉襄事」。咸豐皇帝對他沒再提什麼條件，而是對他的唯命是從極為喜悅，當即表揚說：「汝此次奉命即行，足證關心大局，忠勇可尚。」

就這樣，品味了「大柔非柔，以屈求伸」這一處世哲學妙處的曾國藩在咸豐八年（西元1858年）六月初三接到上諭後，六月初七就離開了荷葉塘，再次奉旨出山。

曾國藩的經歷表明：抓住良機，是一個人的本事；失去良機，是一個人的愚笨；等待時機，則需要人的忍耐力。

第五章　穩中求進：中庸之道的智慧

知錯能改

靖港之役，是曾國藩帶兵以來所遭受的第一次大挫折。

咸豐三年（西元 1853 年）湘軍東征，與太平軍的西征軍迎頭而遇。湘軍出師不利，先是王鑫在咸豐四年（西元 1854 年）的岳州之戰中敗給了太平軍，除塔齊布一軍外，其餘各軍都退回了長沙。湖南官紳議論紛紛，有的罵曾國藩無用，有的主張乘機解散湘軍。湖南巡撫駱秉章雖然不同意解散湘軍，但對曾國藩的態度也極為冷淡。好在湘軍的主力並沒有多大的損失，太平軍也因為進攻躁進，暴露出了不少弱點。其中占領湘潭的林紹璋一軍由於後軍不繼，攻勢停頓，已經陷入了孤立無援的境地，這給了湘軍反攻的機會。曾國藩抓住這個弱點，制定了集中兵力攻打湘潭的計畫，並安排楊載福、彭玉麟等五營先行，曾國藩率其餘五營於次日續進。

然而，這天晚上，在曾國藩臨行之前，忽然有靖港民團前來報告，說是那裡的太平軍少而無備，並表示當地民團已經搭好了浮橋，願意協助進攻，充當嚮導。曾國藩一聽機會難得，就不顧攻打湘潭的部隊已經出發，放棄了原定計畫，率領剩餘水軍改攻靖港。沒想到民團提供的情報有誤，太平軍的勢力遠遠超過湘軍。湘軍遭到了太平軍猛烈的炮火轟擊，戰船很快就被太平軍擊毀了十餘艘，餘下的也被太平軍俘獲。湘軍水勇紛紛上岸逃命。曾國藩急忙調動陸勇前來救援，但陸勇見水勇潰

逃，也紛紛後退。曾國藩親自督陣，並豎起令旗，自己仗劍立在旗下高喊：「有過此旗者，立斬不赦！」然而兵敗如山倒，湘勇們一個個繞過令旗，繼續急忙逃竄，湘軍的敗局已不可挽回。以前，曾國藩曾一度譏笑綠營兵望風而逃，不料自己訓練的湘軍竟然也是如此，同樣不堪一擊。他左思右想，既羞愧又氣憤，決定跳水自殺，一死了之。李續賓見他神色不對，恐怕會出事，就讓人乘著小船緊隨其後，以防不測。果然，船過白沙洲，曾國藩望準了艙邊有一個漩渦。他推開艙門，緊閉雙眼，縱身向漩渦跳去。隨從們急忙跳進水中，將曾國藩救出，背到了船上。

湘軍在靖港戰敗的消息傳到長沙後，湖南的那些官員更是幸災樂禍，還有人跑到巡撫駱秉章那裡告狀，要求彈劾曾國藩，並解散湘軍。一時間，鬧得滿城風雨。曾國藩也悲觀到了極點，回到長沙後就不肯吃飯，不肯睡覺，也不肯洗臉，整個人蓬頭垢面。他還暗中寫好了遺書，請曾國葆買好了棺木，準備再次自殺。好在突然之間傳來了去打湘潭的湘軍大獲全勝的消息，這就像一陣大風，吹散了曾國藩的滿面愁雲，也改變了長沙城內的形勢。長沙官場一改對曾國藩和湘軍的歧視，駱秉章也開始變得熱情。甚至遠在京城的咸豐皇帝，也開始重視湘軍，曾國藩和湘軍的政治處境得到了大大的改善。

然而，曾國藩並沒有因為處境改善而沾沾自喜。他認真總結了靖港之戰的經驗教訓，意識到湘軍在靖港的戰敗，固然有一些客觀原因，但更主要還是湘軍自身存在著嚴重的問題。這些

第五章　穩中求進：中庸之道的智慧

問題是什麼呢？他認為主要有兩個：第一個問題是湘軍的訓練仍然不精，特別是水師成師過於倉促，大部分人都沒有經過訓練，大大影響了戰鬥力；第二個問題是賞罰不明，缺乏嚴格的紀律，在有些地方甚至還不如綠營。他檢討其中的原因，在於他過去治軍強調以道義號召，用忠義感召部下，而且湘軍的核心人物，與曾國藩都有密切的關係，要麼是同鄉、同學，要麼是同僚。他過去總覺得不好用法紀來約束他們，凡事多忍讓遷就。這使湘軍內部實際上處於無法無天的狀態。

　　曾國藩發現了問題所在，就立刻設法加以解決。他先從明賞罰、嚴軍紀做起，在長沙展開了認真的整軍行動。他對各營在此次作戰中的表現進行了調查，發現在岳州之戰中，勇於對抗太平軍的，只有彭玉麟一營；湘潭之戰中，勇於作戰者只有塔齊布和楊載福兩營，其他各營都是望風而逃。

　　曾國藩對此十分氣憤，他決定將潰散各營全部裁撤，各營勇丁也不許別的營重新招募。曾國藩的弟弟曾國葆之營也在被裁之列，曾國藩的父親寫信為小兒子求情，希望曾國藩能再給他一次機會，但曾國藩堅決不肯。

　　經過整頓之後，湘軍水陸原來的一萬七千多人，只剩下了五千人左右。在大量裁撤的同時，曾國藩又讓在這次作戰中浮現出來、有帶兵和指揮能力的營官增募新勇。塔齊布所統領的部隊，包括原帶的撫標中軍和新帶的提標各營在內，官兵總數達到了六千人。羅澤南一軍增加到了一萬人，其他彭玉麟、楊

載福等軍也都有較大規模的擴充。曾國藩還從兩廣奏調水師來湖南，最終廣西知府李孟群募水勇一千名、廣東總兵陳輝龍率水師官兵四千人先後來到湖南，使湘軍水師的力量明顯增強。

對於新招募的勇丁，曾國藩強調絕對不許濫竽充數。他對湘軍營官也明確表示，今後不論是誰，打勝仗就可以升官發財，打敗仗則立刻離開。在平時的訓練和軍營生活方面，曾國藩也為湘軍立下了規矩：每天早晨必須五更起床，起床後立即進行早操。在紮營時要認真築壘，壘牆須高八尺，厚三尺。壕溝須上寬下窄深八尺。牆內須有內壕一道，牆外有外壕兩道或三道。壕內須密釘竹籤。

透過兩個月的長沙整頓訓練，湘軍大為克服原本的弱點，戰鬥力明顯提升。湘軍後來之所以驍勇善戰，與這次整頓有很大的關係。曾國藩自己對長沙整軍也評價很高，認為是建軍成功的第一步。

有自知自明，知道自己敗在哪裡，受挫折的原因在哪裡，並且及時改正，這正是曾國藩的過人之處。

對手的失誤就是機會

曾國藩一生能「居官不敗」的一個重要原因，是他善於從對手的失誤中尋找機會。

第五章　穩中求進：中庸之道的智慧

　　太平天國建都天京後，頒布《天朝田畝制度》，進行政權建設，接著派兵北伐、西征。咸豐三年（西元1853年）四月初一，太平天國北伐軍在林鳳祥、李開芳的率領下，自揚州經儀征北上，師行間道，直搗北京，不到半年時間，由江蘇到安徽、河南、山西、直隸，勢如破竹，京師大震。咸豐皇帝一面調集重兵，堵擊北伐軍；一面準備逃離北京，前往熱河行宮。但因北伐軍孤軍深入以及策略上的失誤，苦戰兩年，最終還是失敗了。從此曾國藩的影響開始顯現。

　　太平天國發起大規模的西征作戰，奪取長江中上游陣地，鞏固天京。曾國藩由此迎來了他的強大對手。咸豐三年（西元1853年）四月十二日，西征軍在春官正丞相胡以晃、夏官副丞相賴漢英統率下，由和州溯江而上。五月四日奪取安慶，接著連拔江西彭澤、湖口、南康。五月十八日兵圍南昌。七月三日，太平天國當局又派國宗石祥禎、韋志俊、石鎮侖、石鳳魁等增援江西。因湖北按察使江忠源、江西巡撫張芾據城頑抗，圍南昌三月不下。八月二十二日撤圍北上，二十七日攻克九江。此後西征軍兵分兩路：一路由石祥禎、韋志俊率領，自九江沿江西而上；一路由胡以晃、曾天養率領（賴漢英受調回天京），自安慶進攻皖北。

　　八月二十三日，太平天國將領翼王石達開抵達安慶，築樓設防，旋即遣胡以晃、曾天養統軍北進，九月十四日克集賢關，十月十四日陷桐城，二十九日下舒城，兵鋒直指安徽臨時

省城廬州府，與新任安徽巡撫江忠源狹路相逢。十二月十六日，太平軍炸毀水西門城牆，占領府城，曾國藩好友江忠源、候補知府陳源兗以及布政使劉裕珍、已革布政使李本仁、同知鄒漢勛等俱戰死。攻克廬州後，太平軍擴大戰果，在咸豐四年（西元 1854 年）共克二十二州縣，安徽於是成為太平天國最牢固的地區。

由石祥禎、韋志俊率領的另一支太平軍西征軍出江西入湖北，於咸豐三年（西元 1853 年）八月二十九日占領武穴，九月十八日再占漢口、漢陽。朝廷焦急萬分，聽說曾國藩編練的湘軍頗有戰鬥力，於九月二十七日下諭，令曾國藩斟酌帶領練勇馳赴湖北，與吳文鎔等合力堵剿。此時，曾國藩到衡州僅一個月，所辦水師尚無頭緒，自知不是太平軍的對手，自然不肯輕易出師。

十月三日、五日、十五日，朝廷又三次諭令曾國藩赴援湖北，急如星火。曾國藩則以長江千里，戰船實為先務，待趕辦就緒，即駛赴下游為由，拖延出師。其時，石祥禎、韋志俊因救援揚州暫迴天京，湖北防務稍鬆，而安徽戰場戰壘連珠，烽火四起。十一月十二日，朝廷再次諭令曾國藩趕辦船隻，東援安徽，曾國藩拖延不出，又獻上四省聯防、以堵為剿之策，這使咸豐皇帝大動肝火。咸豐皇帝在硃批中不無譏諷挖苦地說：「現在安省待援甚急，若必偏執己見，則太覺遲緩。朕知汝向能激發天良，故特命汝赴援，以濟燃眉。今觀汝奏，直以數省軍

第五章　穩中求進：中庸之道的智慧

務一身克當,試問汝之才力能乎?否乎?平時漫自矜詡,以為無出己之右者。及至臨事,果能盡符其言甚好,若稍涉張皇,豈不貽笑於天下?著設法趕緊赴援,能早一步,即得一步之益。汝能自擔重任,迥非畏葸者比。言既出諸汝口,必須盡如所言,辦與朕看!」

人常說「天威可畏」,曾國藩收到「硃批」,不免心驚膽顫,「跪誦之下,感悚莫名」,出了一身冷汗。可是,曾國藩也橫了心:「水師不成,不能東下。」曾國藩深知,太平軍絕非烏合之眾,特別是其水上之師,「千舸百艘,遊弈往來,長江千里,任其橫行」,而「官軍無一舟一筏可以應敵」。若沒有比太平軍水師更為強大的水上勁旅,如何與之抗衡?如果按咸豐皇帝旨意行事,兒戲成軍,倉促上陣,其結果可想而知。所以,他上奏皇上說,寧可「受畏葸不前之罪」,也不願孤注一擲。這是曾國藩在軍事策略上的過人之處。

當曾國藩仍在衡州趕造戰船、編練水師之時,國宗石祥禎、韋志俊完成使命,與石鎮侖、石鳳魁、秋官又正丞相曾天養、春官又副丞相林紹璋等人,率四萬大軍,回軍西征,於咸豐四年(西元1854年)一月十五日在黃州、堵城大敗清軍,曾國藩座師、湖廣總督吳文鎔投水自盡,副將德亮等戰死。一月十九日太平軍乘勝攻克漢口、漢陽,留石鳳魁鎮守,大軍則由石祥禎統率西上,進攻湖南。太平軍攻到了家門口,清廷無兵可調,而曾國藩編練水師的計畫基本上完成,於是出兵應戰。

咸豐四年（西元 1854 年），湘軍會師湘潭。陸師十營，由塔齊布、周鳳山、朱孫詒、儲玫躬、林源恩、鄒世琦、鄒壽璋、楊名聲、曾國葆統領，塔齊布為先鋒；水師十營，由褚汝航、夏鑾、胡嘉垣、胡作霖、成名標、褚殿元、楊載福、彭玉麟、鄒漢章、龍獻琛統領，褚汝航為各營統領（僅留羅澤南、李續賓二營駐防衡州），幾乎全軍出動。曾國藩在衡陽大誓其師，要為江忠源、吳文鎔報仇雪恨。隨即水陸併發，夾湘江而下。

為了展開宣傳攻勢，曾國藩同時發出了〈討粵匪檄〉。〈討粵匪檄〉既是對太平天國的宣戰書，又是一篇煽動性極強的文章，人稱「一紙檄文抵上百萬兵」。檄文何以有如此巨大的威力？這就要把檄文放到當時社會環境中去檢視，才能夠理解。曾國藩這篇檄文，共有四段。

第一段聲討洪楊燒殺搶掠、荼毒生靈的暴行。這不過是欺人、矇蔽之談，誰都知道太平軍是一支有武德的軍隊。曾國藩採用這種欺騙宣傳的手法，使人產生恐怖感，令人民疏遠太平天國，其效果自然不能持久。至於說兩湖三江之人不似兩廣太平軍原戰士安富尊榮，倒也是事實，畢竟兩湖三江的新成員加入太平軍的時間較晚。按貢獻多寡，升官加爵自然也就不如草創成員尊榮。曾國藩利用農民的地域鄉土觀念，以期從內部瓦解太平天國，這是其策略的毒辣之處。其實，更毒辣的要數檄文的第二、三段。

第二段揭露洪楊背棄名教、毀滅人倫。中國人最講究人倫

第五章　穩中求進：中庸之道的智慧

關係，君君、臣臣、父父、子子，長幼尊卑有序，而天父天兄，父子是兄弟，母女是姊妹，豈不大亂倫紀？其實，太平天國倡言「天下多男人，盡是兄弟之輩，天下多女子，盡是姊妹之群」，是灌輸上帝面前「人人平等」的思想。曾國藩從字面上做文章，扭曲其意，足以導致一些人對太平天國「亂人倫」的痛恨。至於太平天國背棄名教，更令讀書人難以容忍了。太平天國稱孔子為「妖」，孔孟之書都是「妖書」，「敢將孔孟橫稱妖，經史文章盡日燒」，採用疾風暴雨式的大規模手段「焚書坑儒」。太平天國明文規定：「凡一切妖書如有敢唸誦教習者，一概皆斬」、「凡一切妖物妖文書，一概毀化，如有私留者，搜出斬首不留」在金陵，太平軍在「聖殿前殺牛屠狗，以狗血盡淋孔孟之頭」。這種極端的排儒運動，比起秦始皇有過之而無不及。這是太平天國策略上的嚴重失誤。儒學是中國的傳統文化，孔子是讀書人的「至聖先師」，「四書」與「五經」更是士人步入仕途的有力工具，因此，「反孔」、「焚書」肯定會遭到士人的強烈不滿與對抗，太平天國因此失去了士人的支持。古人云：「存亡得失之秋，所謂得士則興，失士則亡之時也。」

　　第三段痛詆太平天國假借異端邪說，侮罵神祇，汙衊聖賢忠義之士，激發一般民眾的神道觀念，爭取民心。在傳統文化中，神道觀念深入人心，根深蒂固，三百六十行都有各自崇拜的神靈，而孔子、孟子、關帝、岳飛等，更是人們心目中共同尊崇的偶像。有神敬神，這是人們日常生活中不可或缺的一

環，而太平天國獨尊上帝，毀滅其他一切偶像。在湖南，「遇神則斬，遇廟則燒」；在湖北，「遇寺觀輒火之，目為妖廟」；在安徽，「勒焚神像，藏匿者有罪」；在江蘇，「廟宇寺院神像，莫不剗除」；在江西，「鄉下廟宇盡行拆毀」；在浙江，「見廟像輒焚毀」；在山東，「各廟神像皆毀」。總而言之，軍隊所過之處，人們心目中的偶像必遭大難。這種驚天動地之舉，看似摧枯拉朽，實則過了頭。在現代文明的曙光沒有照亮以前，人們還無法掙脫世世代代相襲已久的傳統信仰，而太平天國不顧民眾心理，一味打破偶像，無疑在拆除他們的精神支柱，使人們感到失落、恐慌。而這又正好為曾國藩製造了口實。

在第四段，曾國藩申明自己的使命，慰孔孟人倫之隱痛，雪上下神祇被辱之憾。曾國藩打出衛道護教的旗幟，要打一揚維護聖教的戰爭，振臂一呼，士人奮然而起，組織民眾與太平軍對抗，最終消滅了太平軍，可見檄文流傳之廣、影響之大。

危急時刻必須靠自己

人是一種社會性的存在，在患難之際當然可以求得別人的幫助。但是，主動權一定要掌握在自己手中。如果危難之際，全仰仗別人，將是十分危險的。俗話說「吃一塹，長一智」，經過血的教訓，曾國藩深知這個道理的重要性。

咸豐五年（西元 1855 年），自從羅澤南等人離開江西以後，

第五章　穩中求進：中庸之道的智慧

曾國藩在江西的處境一天不如一天。在這種危急時刻，曾國藩認為要「自救」，首先要加強自身建設，苦練自身的扎實功夫。在內湖水師缺乏一位得力統領，幾位營官也都是平平之才的情況下，曾國藩只好讓李元度兼轄水師之事。

曾國藩不斷寫信給李元度，教他如何帶勇、如何列陣打仗。曾國藩寫道：

> 茲特有數事諄囑，千萬牢記：「一曰，紮營宜深溝高壘。雖僅一宿，亦須為堅不可拔之計，但使能守我營壘，安如泰山，縱不能進攻，亦無損於大局。一曰，哨探嚴明。離賊既近，時時作敵來撲營之想。敵來之路、應敵之路、埋伏之路、勝仗追賊之路，一一探明，切勿孟浪。一曰，稟報詳實。足下專好說吉祥話，遇有小事不如意，輒諱言之。……以後稟報軍情，務須至實至詳。一曰，痛除客氣。未經戰陣之勇，每好言戰，帶兵者亦然。若稍有閱歷，但覺我軍處處瑕隙，無一可恃，不輕言戰矣……」

寫了這些，曾國藩仍然不放心。他想起前一年寫的〈水師得勝歌〉在軍中反響很好，既通俗又實用，便再花幾天的工夫，寫出了一首〈陸軍得勝歌〉。歌中講到了湘軍陸師在紮營、打仗、行軍、法紀、裝備、訓練六個方面所應注意的事項。

儘管曾國藩如此苦口婆心，但李元度仍然無法將他的陸師部隊訓練成能戰敢戰之師。曾國藩吃不飽、睡不好，總覺得到有一天會出大事。

危急時刻必須靠自己

在陸師方面,湘軍在江西兩支主力的統領也都不是很出色。周鳳山馬馬虎虎,只能說還算過得去。至於李元度,真是一個書呆子,而且不可教。曾國藩花在他身上的心血最多,他也最讓曾國藩不放心。因此,曾國藩在自救的同時,還必須求救。

曾國藩首先寫信給湖北的胡林翼和羅澤南,請求羅澤南率部隊重回江西救援,以解他及其駐江西湘軍的坐困之危。他與胡林翼函商,則是打算將彭玉麟調到江西來充當內湖水師統領。胡林翼知道彭玉麟與楊載福矛盾甚深,儘管經過他的苦心調解,但仍不能盡釋前嫌,也正愁如何安置他們,所以就非常痛快地同意了曾國藩的要求。可這個彭玉麟是個極重鄉情、特重孝道的人,他提出在去江西之前要先回一趟湖南衡陽老家省親,來回折騰,直到咸豐五年(1855)年末才趕到江西南康。曾國藩身邊總算是又有一位可以依賴的水師將領。

但湘軍很快在江西樟樹鎮遭到太平軍襲擊而大敗。樟樹鎮位於吉安與南昌之間,是贛南重鎮和南昌南路的重要屏障。咸豐六年(1856)二月,周鳳山見石達開率部隊逼近,早已嚇得魂飛魄散,全部營盤竟在一天之內丟失無遺,大量的官兵和勇丁潰向南昌。

曾國藩聞訊,驚駭不已,從南康乘坐一艘小舟,急速趕到南昌,收拾殘局。他過去曾立下一條規矩,凡是潰散的勇丁,一律不准重新招募入營,但這一次他看太平軍來勢凶猛,而自己手下又再無可戰之軍,回湖南重新招募更是遠水就不了近火,

155

第五章　穩中求進：中庸之道的智慧

最後只得違背規矩，將潰勇重新招集起來，編組成軍。然而，他仍決定革職統領，另委任黃虎臣和畢金科為統領。

在這個時候，曾國藩一面寫奏摺請求咸豐皇帝同意將從自己身邊調走的羅澤南、劉蓉那支能征善戰之師重新調回江西，卻遭到了咸豐皇帝的拒絕；一面繼續寫信給胡林翼和羅澤南，希望他們能夠同情他的處境，救他於危難之中。

羅澤南回信給曾國藩，說明自己的想法，表示一旦攻克武昌，即率部隊東下，與曾國藩等人會師於九江。

胡林翼也不願意讓羅澤南離開湖北。他在給清廷的奏摺中表示，武昌即將攻克，希望羅澤南一軍再在湖北停留十天半月，他保證到時候一定可以占領武昌。因此，十天半月之後，他就派出得力部隊東下救援江西。

但不久羅澤南戰死，太平軍在江西節節勝利，曾國藩更加困難重重。當年五月，曾國華等人從武昌出發，經湖北咸寧、蒲圻、崇陽入江西義寧，於八月抵達瑞州城下。

同時，曾國藩的另一個弟弟曾國荃也在駱秉章和左宗棠等人的授意下，募勇兩千人，配以樟樹鎮敗將周鳳山回湖南所募勇兩千人，共四千人，組成一軍，由湖南東攻江西吉安，稱之為吉字營。

這樣，到咸豐六年（西元 1856 年）九月，湖南、湖北兩省先後組織了三支部隊，共計一萬三千餘人援贛。這些湘軍部隊的到來，使奄奄一息的曾國藩又抓住了幾根救命稻草。

心力交瘁的曾國藩看見大量太平軍從江西戰場上撤出，一開始感到迷惑不解。不久，他派到天京城中的密探就發來了消息，告訴他天京內訌的情況。

　　求救、自救、天機終於使曾國藩渡過了難關。這一過程給予我們這樣的啟示：一是在艱難時刻一定不要失去信心，抱怨是沒有用的；二是在困難時刻最重要的還是尋求解決困難的途徑、辦法，哪些是自己能做的，哪些是需藉助他人的，在此前提下去努力經營，或可有成。

　　同治元年（西元1862年）五月，曾國荃率軍在天京城南門外的雨花臺紮下營寨。

　　曾國荃和他的心腹大將李臣典、蕭孚泗、劉連捷、朱洪章等人在太平天國叛將韋志俊的帶領下，查看了這座江南名城。他看到天京城深溝高壘，城圍遼遠，以他的兩萬人馬想要攻取這座名城，簡直是做白日夢。他雖攻至城下，卻不敢輕舉妄動，更深怕城內的太平軍和外省的李秀成一起出動，將他們殲滅。所以，他一面督促湘軍在雨花臺一帶修築工事，做長期戰爭準備；一面派人投書，催促各路人馬盡快會師城下。

　　然而，曾國荃等了多日，也不見別路人馬到來。先是李續宜帶北路軍由鎮江剛要出師，忽接父喪凶信，匆匆回家奔喪，其部將唐訓方遠在皖北，聞訊南援，結果被太平軍阻於壽州。鮑超由寧國北進，遇太平軍楊輔清等部隊，展開血戰，亦難到達天京。這時，可援之軍只有多隆阿一路。

第五章　穩中求進：中庸之道的智慧

　　曾國藩接到雨花臺寄來的加急求救文書，命多隆阿迅速南下。多隆阿接信後，剛開始還有軍事行動，攻陷廬州，準備南下，但突然按兵不動，拒絕赴合軍天京之約。曾國藩再三懇請其赴援，多隆阿不為所動。這時，有一支四川農民起義軍入陝，多隆阿部將雷正綰已入陝阻擊。多隆阿與湖廣總督官文密約，再奏請多隆阿本人率隊入陝，皇帝居然准奏。多隆阿與官文皆以不赴天京之援，暗自高興，因為久與曾氏兄弟不和的官文也不願湘軍獲得成功。

　　多隆阿率軍西去，曾國藩萬分驚慌，派人飛馬送信給官文，讓他追回多隆阿，仍請其赴天京之援。他在信中說：「聞入秦之賊人數不滿三千，有雷正綰一軍已足以禦敵，而『江南賊數之多比秦何止百倍』，仍請將去之不遠的多隆阿追回。」然而，官文明知天京城下急需多隆阿赴援，卻置曾氏兄弟的請求於不顧，使曾國荃的雨花臺之師成了孤軍。經過這件事，曾國藩似乎發現了人性的弱點，也印證了他早已提出的危急之時不能靠別人的道理。

　　曾國藩在同治元年（西元 1862 年）九月十三日〈致沅弟季弟〉的信中說：

　　都將軍派四個營的兵來助守，自然可喜，但也未必靠得住。凡是危急時刻，只有自己靠得住，而別人都不可靠。靠別人防守，恐怕臨戰時會先亂；靠別人戰鬥，恐怕會猛進而速退。幸虧這四個營人數不多，或許不至擾亂弟弟你那裡的全局。否

則，這部分軍隊另有一種風氣、一種號令，恐怕不僅無益，反而有害。弟弟要謹慎運用這支隊伍。去年春天，弟弟拒絕陳大富一軍，又不留成大吉一軍，我很喜歡弟弟的見識。

此外，曾國藩總是說：「危急之際，不要靠別人，專靠自己，才是穩著。」

為了危急時刻不至於仰仗別人，曾國藩致力於訓練部隊，他要親手將湘軍打造成為一支有膽有技、能征善戰的隊伍。經過艱苦的訓練，湘軍能力迅速提升，逐漸成為一支士氣旺盛、能征善戰的隊伍，而曾國藩本人，也由一個儒生逐漸成長為一名軍事家。

鋒芒不露

古語云：木秀於林，風必摧之；堆出於岸，流必湍之；行高於人，眾必非之。又有俗語說：人怕出名豬怕肥。豬養肥了，必定是挨一刀的結局；人出名了，必會招人注目，是惹禍的根由。所以，善於處世的人應該懂得在名利二字上瞻前顧後，適可而止，有所節制。

曾國藩能夠功成名就，開啟人生局面，主要原因就是他藏鋒蓄志，能伸能縮。藏鋒本是蓄志，不屈難以伸展，曾國藩藏鋒蓄志，伸縮自如，是一種自我保護，是實現自我價值的生存

第五章　穩中求進：中庸之道的智慧

之道。藏鋒不露，在曾國藩的智慧字典裡就是「渾」字。「渾」字雖不能說是他成功的最重要因素，卻是眾因素中不可或缺的。但曾國藩也並非從一開始就意識到這個字的妙處，而是在經歷了一連串的挫折後，他才領悟到若想成就一番事業，無論為人為己，為國為家，都應有技巧，「渾」字尤不可缺。

曾國藩受家風影響，生性剛硬倔強，這是一種性格優勢，但也會帶來負面後果。初入仕途，他本著為民請命、扭轉危局的目的，採取了較為激烈的做法。如道光皇帝去世，咸豐登基，他趁新皇帝求治心切的機會，連上四奏，力陳天下弊政，請求革舊立新。皇帝未予重視，他竟在朝堂上當面指責皇帝，差一點就受到嚴懲。帶兵以後，因無實權，為求辦事迅速，他又與地方官員產生了激烈衝突，甚至他為清廷賣命的衝勁和驚人的動力也引起了皇帝的猜忌。最後的結果是，咸豐七年（西元1857年）他被迫居家守喪。一年後，由於胡林翼的活動和推薦，他才得以再次出山。經此挫折，曾國藩開始了一生中最大的轉變，也領悟到了「悔」字訣和「渾」字訣的重要性。

曾國藩早年鋒芒太露，受到當權者忌憚。曾國藩被咸豐皇帝所猜忌，就是因為有人對咸豐皇帝說，曾國藩一回鄉舉兵，應者雲集，實在可怕。再加上曾國藩氣勢逼人，激化了與其他官員的矛盾。無論出於何種原因，過於顯露自己都有壞處。而自作聰明任意顯露者，像三國時的禰衡、楊修之輩，更是找死的行徑。

鋒芒不露

　　曾國藩自從外放以後，親身感受到了「外吏之難，蓋十倍於京輦」這句話的含義。經過幾次挫折，他也學著糊塗了。

　　曾國潢，字澄侯，在族中排行第四，曾府裡通常稱他為四爺。曾國潢脾氣不好，讀書不如曾國華、曾國荃勤奮，學問基礎也稍差，加上他惹事比辦事多，曾國藩認為他不適合從軍從政，便將他打發回家去了。曾國潢本想借兄長帶兵之機撈個一官半職，卻被趕了回來，心中不服氣。他在家主持家務，照顧老人，教育後輩，但也時常借兄長之勢到處出頭露面，帶人捉拿起義百姓，送交官府嚴辦，致使縣令每隔三五天就躲在屋裡痛哭流涕，說曾四爺又要借其手殺人了。曾國藩多次告誡曾國潢，「處茲大亂未平之際，唯當藏身匿跡，不可稍露圭角於外」，讓他少管地方上的事務。經多次告誡，曾國潢有所收斂，後來也未從軍，一直當著曾家的大家長，倒也將曾家治理得井然有序。

　　曾國藩還將「渾」字訣作為衡量人才的一個標準，同時諄諄告誡部下，要學會用「渾」字訣應對難以處理的事情。

　　同治元年（西元 1862 年）八月，李鴻章辦理洋務，曾國藩對他說：「與洋人交際，豐裁不宜過峻，宜帶渾含氣象。渠之欺侮詭譎，蔑視一切，吾若知之，若不知之，恍似有幾分痴氣者，亦善處之道也。」當時敵強我弱，與洋人打交道，是件需要忍辱負重的差事。洋人言語多有欺侮之處，若太在意，必將引起爭執，結果可能更不利。曾國藩所說的「痴氣」，即佯為糊塗之意，但並非真糊塗。「若知之」，則使洋人不要以為我傻，「若不

161

第五章 穩中求進：中庸之道的智慧

知之」，示意不與之計較，讓雙方都有臺階下。李鴻章後來處理外交事宜，也多用此道。

曾國藩還從「渾」字看一個人的發展潛力。咸豐十年（西元1860年），英法聯軍進入北京，咸豐皇帝逃到熱河，留恭親王奕訢處理與洋人的關係。曾國藩在給曾國荃的一封信中進行了一番評價：「恭親王之賢，吾亦屢見之而熟聞之，然其舉止輕浮，聰明太露，多謀多改。若駐京太久，聖駕遠離，恐日久亦難盡愜人心。」奕訢是當時滿人中最有見識的人物，他與慈禧聯合發動了祺祥政變，執掌了朝政。但因聰明太露，他受到群臣猜忌，更為慈禧所忌憚，幾年之後，就被撤去一切職務，居家養閒了。曾國藩此信寫於五年之前，預見性不可謂不高。

但「渾」不是一味含而不露，一個人的才能如果不顯露出來，無人知道，恐怕只能浪費了。重點是要把握時機，知道什麼時候顯露，顯露到什麼程度，這些都要因情況而異。不過，有一點是確定的，一般情況下不要露，也不能一次將一切和盤托出，露出底細。

第六章

後發制勝:掌控全局的藝術

第六章　後發制勝：掌控全局的藝術

總攬全局

太平天國翼王石達開曾經說，曾國藩在兩個方面幾乎沒有什麼漏洞，其中之一就是策略謀畫。蔡鍔也認為曾國藩一介書生，關於用兵打仗的道理，雖然自己沒有見識過，卻將中國歷史上最大的農民起義鎮壓下去了，足以與古今中外名將媲美。

實際上，曾國藩的戰役指揮能力很差，戰爭前期只要是他親自指揮的戰役，沒有不失敗的。然而，曾國藩的長處在於他具有豐富的歷史經驗，具有超出常人的策略頭腦，長於從大處落墨，長於整體的策略謀畫。曾國藩曾說過這樣一句話：「軍中閱歷有年，益知天下事當於大處著眼。」有人也說他「凡規劃天下事，久無不驗」。確實，曾國藩總是能總攬全局，抓住要害，能夠從策略上勝人一籌，因此也就笑到了最後。

曾國藩超出常人的策略頭腦，從一開始就表現了出來。

咸豐三年（西元1853年），在太平天國起義剛發起之時，曾國藩就寫信給王鑫，綜論當時的軍事形勢，提出了「湖北省的存亡，關係到天下全局的安危」的觀點：

荊襄扼長江之上游，控秦豫之要害，誠為古來必爭之地，然以目前論之，則武昌更為吃緊。蓋賊首既巢金陵，近穴鎮、揚二城，遠處所宜急爭者，莫要於武昌。昔人謂江自出蜀以後，有三大鎮：荊州為上鎮；武昌為中鎮，九江次之；建業為下鎮，京口次之。今粵逆已得下鎮矣，其意固將由中鎮以漸

及上鎮。聞九江、安慶,近已設立偽官,據為四窟。若更陷鄂城,上及荊州,則大江四千里,遂為此賊專而有之。北兵不能渡江而南,兩湖、兩廣、三江、閩浙之兵,不能渡江而北,章奏不克上達,朝命不能下宣。而湖南、江西,逼近強寇,尤不能一朝安居。即使賊兵不遽,渡湖南竄,而沅湘固時時有累卵之危。然則鄂省之存亡,關係天下之全局固大,關係吾省之禍福尤切。鄂省存則賊雖南竄,長沙猶有倖存之理。鄂省亡,則賊雖不南竄,長沙斷無獨存之勢。然則今日之計,萬不可不以援鄂為先籌,此不待智者而決也。

這個觀點,可以說是獨具慧眼。當時,清廷為了撲滅太平天國,在金陵周圍相繼建立了江北大營和江南大營,但朝廷的注意力只局限於東南一隅,用兵的重點也只在金陵一城的得失,並沒有意識到必須著眼於與太平軍爭奪整個長江流域,最終才能攻下金陵。曾國藩從全局出發,根據地理形勢,認為必須首先控制長江中上游地區,先武漢,次九江,再次安慶,只有這樣,才能由上制下,攻克復興金陵。這個計畫,顯現出他的策略眼光比朝廷不知高出多少倍。

咸豐四年(西元1854年)初,太平軍西征部隊由安徽挺進湖北,先後攻陷安慶、九江、漢陽。湖北省城武昌戒嚴,朝廷在太平軍的強大攻勢面前無所適從,一下子救東,一下子救西,被太平軍搞得團團轉。曾國藩在這個時候上了一道奏摺給咸豐皇帝,認為不能光顧眼前的得失,還要考慮到大局的發展。他說:

第六章　後發制勝：掌控全局的藝術

論目前之警報，則廬州為燃眉之急。論天下之大局，則武昌為必爭之地，何也？能保武昌，則能扼金陵之上游，能固荊襄之門戶，能通兩廣四川之餉道。若武昌不保，則恐成割據之勢，此最可憂者也。目今之計，宜先合兩湖之兵力，水陸並進，以剿為堵，不使賊舟回竄武昌，乃為決不可易之策。若攻剿得手，能將黃州、巴河之賊漸漸驅逐，步步進逼，直至湖口之下、小孤之間，與江西、安徽四省合防，則南服猶可支撐。

由此，曾國藩極力主張應該集中兩廣、兩湖、江西、安徽的兵力，與太平軍爭奪武昌，進而由上而下，沿江攻占兩岸重地。以著眼於發展為原則，咸豐四年（西元 1854 年）八月，湘軍攻占武昌，而後沿江東下，連連突破太平軍在田家鎮、半壁山的防線，包圍九江，占領湖口，使太平軍遭受了重大損失。這是曾國藩以上制下策略的初步勝利。

咸豐九年（西元 1859 年）正月，曾國藩針對石達開率數萬太平軍入浙、閩，又轉入贛南，使江西湘軍處於東、南、北三面受敵的不利形勢，向咸豐皇帝上奏了著名的〈通籌全局請添練馬隊摺〉。在這個摺子中，他全面論述了當前的形勢，和湘軍應當採取的應對之策，並提出了兩個原則：第一個是全局與局部的關係，「就全局觀之，則兩利相形，當取其重；兩害相形，當取其輕。又不得不捨小而圖大，捨其枝葉而圖其本根」。第二個是要分清輕重緩急，在一個時期，只能固定一個主要的策略方向。

從這兩個原則出發,曾國藩認為,在當時的情況下,「論大局之輕重,則宜併力江北,以圖清中原;論目前之緩急,則宜先攻景德鎮,以保全湖口,先固南岸」。於是,湘軍收攏兵力,集中進攻贛北重地景德鎮,不僅改變了被動局面,而且為後來進軍安慶奠定了基礎。

十月,曾國藩從全局出發,又向朝廷提出了全力進攻安慶,迫使太平軍進行策略決戰的作戰計畫。這個計畫,可以說最充分地展現了曾國藩的策略水準。太平天國的首都是金陵,朝廷多年來一直針對金陵用兵,為此還先後組織了江南大營、江北大營,結果打了幾年,不但金陵沒有打下來,江南、江北大營也全軍覆沒,清軍在策略形勢上更加被動。曾國藩認為,之所以會造成這種局面,從根本上來說,是策略指示的錯誤。

曾國藩在給咸豐皇帝的奏摺中分析說:

自古辦竊號之賊,與辦流賊不同。剿辦流賊,法當預防以待其至,堅守以挫其銳。剿辦竊號之賊,法當蕆除枝葉,並搗老巢。今之洪秀全據金陵,陳玉成據安慶,私立正朔,偽稱王侯,竊號之賊也……自洪楊內亂,鎮江克復,金陵逆首,凶焰久衰。徒以陳玉成往來江北,勾結捻匪,廬州、浦口、三河等處,疊挫我師,遂令皖北之糜爛日廣,江南之賊糧不絕……欲攻破金陵,必先駐重兵於滁、和,而後可去江寧之外屏,斷蕪湖之糧路。欲駐兵滁、和,必先圍安慶,以破陳逆之老巢,兼搗廬州,以攻陳逆之所必救。誠能圍攻兩處,略取旁縣,該逆

第六章　後發制勝：掌控全局的藝術

備多力分，不特不敢悉力北竄齊、豫，並不敢一意東顧江浦、六合。蓋竊號之賊，未有不竭死力以護其本也。

朝廷想要攻破金陵，必先駐重兵於滁州、和州，而後才可以打破金陵的外圍屏障；而要駐兵滁州、和州，又必先圍攻安慶，以攻破陳玉成的根據地，並迫使陳玉成前來決戰。事實證明，曾國藩的這個見解十分高明。由武漢到九江，再到安慶，最後是金陵，清軍一步步地控制了長江流域，在策略上占盡了優勢。

曾國藩說：「余於大利大害所在，均悉心考究。」他用兵十分強調「審勢」，他說「用兵以審勢為第一要義」、「勢就是大局大計」。他還說：「應該從大的地方去分清界線，不要斤斤計較於小處去剖析微芒。」這個大利大害、大局大計，就是策略重心的所在。

由於曾國藩始終堅持站在策略全局的高度，根據敵我各方面的形勢來制定策略計畫和進行戰爭指示，把總攬全局作為制定策略計畫的出發點，始終具有強烈的全局觀念，所以湘軍雖然在區域性的戰鬥中不斷吃敗仗，但在策略態勢上卻越來越有利。而太平天國雖然在區域性的戰役上取得了一些勝利，但整個策略態勢卻越來越惡化。這是湘軍最終能夠鎮壓太平天國運動的重要原因之一。

「用兵如對弈，謀勢不謀子。」策略的根本在於它的整體性和長遠性，如表現在力量的綜合運用上，就是計畫性和有序性。

一個具有策略頭腦的人，要能夠把力量的各種要素和各種制約條件加以整理，按輕重緩急、先後次序進行排列，然後提出最有效的行動方案。

任何事業，某種意義上都是局部的事業，都在一定的大局之內，想要把事業做好，必須先觀察大局，認清其有利條件和不利條件，特別是大局的發展趨勢，然後借勢生風。否則，縱有千條妙策，亦難有所作為。

忍讓為大局

如果想要修煉自己的胸懷，保持自己的事業不斷發展壯大，就要有承受巨大痛苦的心理準備。開闊的胸懷就是在不斷的痛苦考驗中鍛鍊出來的。我們追求的是更大的成功，需要寬廣的胸懷，需要能夠承受巨大的痛苦。只有從煉獄中走過的人才會發現通向幸福的途徑，才會達到通過煉獄到天堂的境界。

在曾國荃攻打金陵的時候，蘇州太平軍也開始大舉回援，一上來就結壘二百餘座，環繞雨花臺湘軍營盤日夜猛攻。西洋開花炮自空中擊下，轟鳴聲驚天動地，傷亡無法計數。曾國荃督軍死戰不退，面受槍傷，血流滿面，仍裹創巡營，以安眾心。這一仗，打得雙方都心驚。湘軍此時還正受著疾疫之苦，再加上苦戰，曾國藩唯恐局勢翻盤，寢不安席，心理上的壓力可想而知。

第六章　後發制勝：掌控全局的藝術

還有一件事，更令他不安，那就是軍餉。打仗要用兵，用兵要靠餉，江西協餉多年，雖然早已捉襟見肘，但仍然要依靠它勉強撐著。不料，江西巡撫沈葆楨奏請截留江西釐金，專充本省之餉，而戶部竟然議准了。

這一突然的變卦，是曾國藩做夢都沒有想到的。接到戶部諮文，他眉頭深鎖。於此生死之際，勝負關頭，哪能斷了軍餉？打了這麼多年的仗，餉則江西，兵則湖南，兵源未絕，而江西之餉先斷，這還了得？沈葆楨的行為，無疑是本末倒置，不識大體，數萬將士血戰金陵，沈葆楨卻截留了釐金，真是釜底抽薪！於是，曾國藩憤然上疏。沈葆楨聽說了這件事，便奏請辭職，朝廷下詔安慰，把他留下。

後來，戶部想了個折中的方案，建議以江西釐金之半，撥歸金陵皖南大營，以其另一半留供本省之餉。爭端就這樣解決了，但曾國藩從朝廷曖昧的態度裡，似乎感覺到了什麼，這好像是在微笑著提醒他：沒有朝廷做後盾，你曾國藩將寸步難行！朝廷的目的，不是要挫敗曾國藩的軍隊，讓他一敗塗地，而是要在他的背上扎根刺，讓他認清形勢。背上有刺，於體無損，卻痛在他的心裡，朝廷表面上恭維他，背地裡卻用詭計傷害他。

沈葆楨是林則徐的女婿，以前也曾入過曾國藩幕府，曾國藩認為他有封疆之才，所以多次舉薦他，最後他官居江西巡撫。本來於公於私，沈葆楨都理應配合曾國藩，沒想到上任以後，他會從中作梗，而且是在關鍵時刻，發出致命一擊。這一擊或許

是出於朝廷授意，或許是因為戶部宣稱，曾國藩軍每月至少有四川等省協餉十餘萬兩，軍用綽綽有餘，而使沈葆楨有截留釐金之舉？沈葆楨這一舉，幾乎要置曾國藩於死地。說要給的錢沒給，而到手的錢，每月好幾萬兩，卻被他舉薦的人截去，而且事先連個招呼都不打。

這件事對於本已心力交瘁的曾國藩而言真是一記重創。但是左思右想，曾國藩最後還是從大局出發，沒有使事情擴大，而是以忍讓的態度息事寧人。他對手下人說：「近日因沈葆楨截留軍餉，心中很憤懣。然而細心想來，古人辦事，被牽制、遇牴觸的情況很多，每個朝代都有。人的天性不免會厭惡牴觸。那些一定要別人順從，總是設法剷除異己的行為，是權臣的行徑。任由別人牴觸而百般忍耐，委曲求全的行為，才是聖賢的良苦用心啊！我正可以借用別人的牴觸，來磨礪我的品德修養，這也許才差不多吧？」

當然，我們回過頭來看這件事，就會發現它並不是孤立的事件，背後實際上隱藏著朝廷難以明言的情緒。曾國藩在前方效命，曾家為朝廷獻出了兩個兒子，可朝廷卻在他背後設局：先以官文駐軍武昌，監控東南半壁，及時向朝廷報告軍情，主要是報告湘軍的動向；接著在江南、江北兩路布下兩支清軍，一路由都興阿等統領駐紮在揚州、鎮江一帶，一路由僧格林沁南下駐紮皖北，不參與圍攻金陵，名曰剿捻，亦防湘軍。

更有甚者，便是從曾國藩集團內部進行分化。朝廷先是利

第六章　後發制勝：掌控全局的藝術

用曾、左之爭，支持左宗棠獨立經營浙江，以分湘軍之軍勢；接著支持沈葆楨治理江西，以分湘軍之財力；然後促使李鴻章援剿蘇、滬，從湘軍之中又分出一支淮軍，將湘軍集團一分為三，形成曾、左、李三軍鼎立之勢。

此時，曾國藩真正可以用的，也就唯有曾國荃軍和彭玉麟水師，他們是進攻金陵的主力。曾國荃一意孤行，要獨自攻打金陵，彭玉麟也是赤膽忠心，誓與曾國藩生死共存。而其他各軍則作壁上觀，看你如何攻打金陵。如打不下金陵，曾家軍就成為玉碎之軍，他們再合力坐享其成；如打下金陵，則看你如何分金，如何裁軍。曾國荃不獨吞功勞，或許可保下曾家軍，但他獨吞功勞就會成為眾矢之的。

對於這些打壓和算計，曾國藩如數笑納。他受足了磨練，再怎麼吃苦，再怎麼受罪，再怎麼憋屈，他都能忍。他知道，除了集有強權在手的帝王之外，其他人若有基本覺悟，就得修習「忍」功，最後百忍成鋼化作繞指柔。這麼多的歷練，使得曾國藩處世更多了幾分成熟理智，絕對不會再意氣用事。這使得他在處理與其他人的關係時，也更加遊刃有餘。

李鴻章曾經為曾紀澤的女婿講過一則故事，用來說明曾國藩的忍術。李鴻章說：「我的老師有一套祕傳心法，就是那十八條挺經，你們一定都聽說過。我講一條給你聽吧，這可是處世的無上寶訣，你用心聽著。」

李鴻章講的故事是這樣的。有一天，有一個老頭在家裡請

客,就吩咐兒子前往集市去採購酒菜果品。誰知兒子去了很久,也不見他回來。老頭等得著急,幾次跑到門口去看。他看見離家不遠,兒子擔著菜擔,在水田壟上和對著一個挑著京貨擔子的人,誰也不肯相讓,結果是誰都過不去。老頭趕緊跑過去,很客氣地說:「老弟,我家裡有客,急等這些菜蔬,請你在水田裡稍避一下,待他過去,老弟也可以過去,您看怎麼樣?」那個人卻計較地說:「你叫我下水,為什麼他就不能下呢?」老頭說:「他個子矮,站在水田裡會把擔子浸溼,把食物弄壞,老弟你個子高,擔子不至於沾水。因為這個理由,才讓你避讓的。」那人還是不鬆口,說:「他的擔子裡不過是一些菜蔬,就是浸溼了,洗一洗還可以食用;我擔子裡可全都是京廣貴貨,萬一碰到水,便一文不值,我可就虧大了。這擔子裡東西不一樣,怎麼就偏讓我避讓?」

老頭見怎麼說都沒有用,就走近說:「既然這樣,就讓老漢我下水田,您將擔子交給我,我頂在頭上,請你空身在水田裡略站一站,我再將擔子奉還,怎麼樣?」說著就開始脫鞋襪。

那人見老頭這樣的舉動,有些過意不去了,終於讓步說:「您老人家不要這樣費事,還是讓我下水吧!」於是就下田避讓。一場衝突就這樣歸於無形。

關於這個故事,不同的人有不同的理解。李鴻章認為故事的寓意是:「天下事在局外議論吶喊益處不大,必須親身涉入,挺身負責,才有成就事業的希望。」這樣說也很契合曾國藩的思

第六章　後發制勝：掌控全局的藝術

想。還有人說，這個故事說明了將欲取之，必先與之的道理。第三種意見是說，曾國藩所說的挺，是剛強堅韌的意思，故事中的那個兒子與挑著京貨擔子的人站著挺著，他們很要強、很固執，甚至可以說是堅韌，但是解決不了問題，誰都達不到目的。只有那個老頭，先是婉言相求，接著又要親自脫鞋襪下水，就一下子便把問題解決了。所以應當說，老頭對挑著京貨擔子的人寬容，和自己願意讓步的忍讓，才使他順利地達到了目的。曾國藩把這種忍讓的「柔」包含在他的「挺」經裡，確實可以稱得上是一條處世的「祕訣」了。

我們也應當從這條處世「祕訣」中獲得一些啟發。比如，我們與別人爭吵時，往往情緒失控，甚至是「拍案而起」、「怒髮衝冠」，這是「過度」憤怒的表現，只能激化矛盾，是不可取的。同時，自己的怒氣會增加別人的快意，使自己受到更深的傷害。俗話說「氣大傷身」，人切不可為爭一時之氣而衝動，更不可為所謂的面子傷了與親友、同事的感情。

人生在世，凡事學會寬容與忍讓，極力避免發生激烈的爭吵，若是雙方都在氣頭上，爭不出結果，不妨採取「退策」。退一步海闊天空，當你事後冷靜下來，細細一想，就會為自己避免了不良後果而慶幸。

高薪養廉

人常說君子喻於義，小人喻於利，大多數人都會為利所打動，所以要體察並滿足人們的物質需求。曾國藩一生清廉，不愛錢財，不汲汲於名利，因此他在選將上也將不愛錢財不好名利作為一項標準。他說，為名利而來的人，提拔稍遲一點就懷恨不已，薪水略少一點就計較不止，這種人胸無大志，最沒有出息。但曾國藩在用兵上，卻主張以利來獲得軍心，以厚賞來得兵將之勇。因此，他堅持實行以厚餉養兵的治軍方式，使湘軍成為了一股勇猛無比的軍事集團，這是他在軍事上成功取勝的重要原因。

曾國藩認為，綠營兵腐敗無能的一個主要原因，就是兵餉太低。綠營步兵月餉一兩五錢，綠營的守兵月餉一兩，綠營馬兵月餉二兩。這種月餉在清朝初年，勉強可以維持生活，至道光以後，米價上漲，綠營兵餉已不夠維持五口之家食用，加之綠營兵餉日薄，這就使綠營兵更無法依靠兵餉來維持生計了。

《道咸宦海見聞錄》記載，綠營兵「營中公費，近年益缺，各種雜出費用無一不攤派兵餉，是以每月每兵僅得餉三錢有零，不敷一人食用，別尋小本經濟或另有他項技藝，藉資事蓄」。因此綠營兵就不得不經常出營尋求生計，便輕忽了在營訓練，最後導致戰鬥力低下。綠營軍官為了聚斂財富也常常剋扣軍餉或冒領軍餉，導致綠營軍軍心不穩。

第六章　後發制勝：掌控全局的藝術

　　有鑑於此，曾國藩為了刺激湘軍士兵出生入死，在最初辦團練的時候就規定了口糧，操練日給予一錢；出征本省「剿匪」，每日一錢四分；征外省「粵匪」，每日一錢五分。隊長、哨長依次而加。養傷銀上等三十兩，中等二十兩，下等十兩。陣亡撫卹銀六十兩，征「土匪」減半。比起綠營的兵餉增加了差不多一倍。

　　由於曾國藩採取厚餉養兵的措施，湘軍的軍餉相當優渥。具體數目是：陸軍營官月薪五十兩，月給辦公銀一百五十兩，凡幫辦、書記、醫生、工匠薪水及置辦旗幟、號補各費用均包括在內。哨官月餉九兩、夥勇三兩三錢、長夫三兩。陣亡者，卹銀三十兩，傷重者賞銀十五兩，次者賞銀十兩，復傷者賞銀五兩，成為殘廢另加賞銀。水師營官月薪水及辦公銀二百兩，哨官十八兩，艙長四兩八錢。馬隊營官月薪及辦公費一百五十兩，幫辦月薪十六兩，正哨官十八兩，副哨官十五兩，什長七兩八錢、馬勇七兩二錢，夥伕三兩三錢。因此，湘軍士卒的月餉幾乎是綠營兵月餉的三倍或三倍以上。連曾國藩本人也認為餉銀過於豐厚，湘軍幾乎人人有充足財富。

　　曾國藩透過厚餉養兵的原則，確實收到相當好的成效。湘軍士兵的兵餉，除個人生活外，還可貼補家用，因此能夠安心操練，提升戰鬥力，避免了綠營兵因口糧不足，而常常離營兼做他事，荒於訓練的弊病。同時，曾國藩也希望透過給予將領豐厚的收入，來減少剋扣兵餉的事情發生，達到「養廉」的

目的。

曾國藩在奏疏中闡述了這一想法:「臣初定湘營餉項,稍示優裕,原冀月有贏餘,以養將領之廉,而作軍士之氣。」餉章中規定:統帶三千人以上者每月為三百九十兩,五千人以上者五百二十兩,萬人以上者六百五十兩。王闓運在《湘軍志》中指出:「故將五百人,則歲入三千,統萬人,歲入六萬金,猶廉將也。」湘軍將領中除多隆阿「統萬人,而身無珍裘、靡葛之奉,家無屋,子無衣履」以外,可以說人人有餘財。

曾國藩如此厚餉養兵,自然「隴畝愚氓,人人樂從軍。聞招募則爭出效命,無復綠營徵調別離可憐之色」。於是,當兵——賣命——發財就成了湖南貧苦農民的副業。他們將曾國藩當成了衣食父母,湘軍也因此而成為一支驍勇善戰的「曾家軍」。

策略重心要掌握

領導者總是全局的掌握者,但掌握全局並不是眉毛鬍子一把抓。全局之中,總有某個局部的發展變化可能會對全局產生決定性的影響,成為控制全局發展的策略重心。它雖然發生在局部,卻決定著全局的走勢,抓住這個局部就能抓住全局,處理好這個局部就能靈活發展全局。所以高明的領導者,應該善於掌握策略重心,將自己的主要精力放在處理好策略重心上,並透過解決策略重心來推動全局的發展。也只有這樣的領導

第六章　後發制勝：掌控全局的藝術

者，才能牢牢地將局勢的發展掌握在自己的手裡。

曾國藩在給胡林翼的信中曾經說：「肢體雖大，針灸不過數穴；疆土雖廣，力爭不過數處。」胡林翼深以為然，說：「防邊之要，不可處處設防。若處處設防，兵力必分，不能戰，亦不能守。唯擇其緊要必爭之地，厚集兵力以守之，便是穩固。」曾國藩還以「探驪得珠」這個成語來形容掌握關鍵環節的重要性。他說：「故探驪之法，以善戰為得珠。」意為優秀的將帥指揮作戰，最能抓住關鍵所在。

湘軍與太平軍苦戰十年，大小戰役何止成千上萬，但最關鍵的一次戰役，不是湘軍攻克天京，而是咸豐十一年（西元1861年）的安慶會戰。安慶會戰是關係到湘軍與太平軍最終勝負的策略決戰。咸豐九年（西元1859年），曾國藩便制定了進攻安慶的策略計畫，希望透過集中力量進攻安慶，迫使太平軍前來進行策略決戰，達到先取安徽、次取江浙、力爭上游、以上制下的策略目標。因而太湖之戰後，湘軍立即長驅直入，將安慶太平軍團團圍了起來，準備實施既定的計畫。然而，安慶會戰的計畫制定不久，曾國藩就遇到了來自各方面的壓力。

首先是來自朝廷的壓力。咸豐十年（西元1860年），太平軍以圍魏救趙之計，先攻杭州，隨即回兵，攻破清軍的江南大營，並乘勝追擊，連下蘇、常各城，蘇南於是全入太平軍之手。江蘇、浙江向來為財賦豐碩之區，是清廷的主要賦稅來源和糧食供應地，因而朝廷十分重視蘇杭的得失。早在太平軍進攻杭

策略重心要掌握

州的時候,朝廷即急令曾國藩與楊載福水陸東下,以分散太平軍的兵力。不久,朝廷得到江南大營潰敗、蘇常危在旦夕的報告,再次命令曾國藩從安慶撤圍東下,救援蘇、常,並說「為今之計,自以保衛蘇常為第一要務」。曾國藩進攻安慶,屯兵堅城之下,很難馬上得手,即使能夠很快攻下安慶,倘若丟掉蘇、常,也是得不償失。

為了促使曾國藩能夠東援蘇浙,朝廷隨後又向曾國藩賞賜兵部尚書銜,授以署理兩江總督之職,令其兼程馳赴江蘇上任。當朝廷得知蘇州已經落入太平軍之手後,仍然認為蘇州是「東南財賦之區,且係數省咽喉,自應以急籌攻復為策。現在賊勢已直趨杭、湖,勢將糜爛兩省,尤為刻不可緩」,因而要求曾國藩如果安慶「指日可復」,可以先攻取再東援;否則,就應該馬上撤安慶之圍,大舉東援,保浙復蘇。由此,安慶會戰還要不要打,便成了關係到是否堅持以上制下策略的關鍵性問題。面對來自朝廷的壓力,曾國藩沒有絲毫動搖。他決心置江浙於不顧,依然將策略重點放在安慶會戰上。為此,他特意上奏朝廷說:

自古平江南之賊,必踞上游之勢,建瓴而下,乃能成功。自咸豐三年(西元1853年)金陵陷落,向榮、和春等都是率領軍隊由東面進攻,原來的打算是屏蔽蘇浙,根據情況伺機進取,然而卻屢進屢敗,至今也未能攻占金陵,反而又丟失了蘇、常。究其原因,並不是因為兵力單薄,而是因為未得形

第六章　後發制勝：掌控全局的藝術

勢。現在東南大局已經潰亂，絕非一朝一夕所能挽回。要收復蘇、常，南軍必須從浙江入手，北軍必須從金陵入手。要收復金陵，北岸則必須先克安慶、和州，南岸則必須先克池州、蕪湖，這樣才能取得以上制下之勢。如果仍然由東路入手，內外主客，形勢全失，必然會重蹈覆轍，終究無成功之時。

臣所統領萬餘人，現在已經進圍至安慶城下，深溝固壘。如果再行撤動，則多隆阿進攻桐城一軍，也需要撤回。就算是英山、霍山一路駐防的軍隊，也需要移防。各路皆退，勢必對士氣產生極糟糕的影響。到時候，不但湖北邊境一線不能自保，就連北路各軍，也將孤立無援。

曾國藩十分堅定地說，安慶之軍，目前關係皖北之大局，是為將來進攻金陵建立基礎，絕不可撤。針對朝廷對太平軍的擔憂，他強調說，雖然目前太平軍聲勢浩大，但只要拿定主意，站穩腳跟，形勢就會慢慢地發生轉變。在曾國藩的堅持下，朝廷終於不再堅持撤安慶之圍的要求。

安慶會戰的計畫，也遇到了來自湘軍集團內部的壓力。

咸豐十年（西元 1860 年），湘軍圍攻安慶之後，太平軍為了解安慶之圍，決定再用圍魏救趙之計，發動第二次西征，分兵兩路，合取武漢，以解安慶之圍。咸豐十一年（西元 1861 年）正月，太平天國英王陳玉成率部自桐城出發，接連攻克英山、蘄水、黃州，逼近武漢。當時湘軍的主力都在安慶前線，湖北兵力極為空虛，只有湖廣總督官文所率三千防兵駐守武昌，而

且戰鬥力極差。聽說太平軍逼近，整個武漢三鎮的官員富戶逃徙一空。正在太湖作戰的胡林翼也驚慌失措，罵自己是「笨人下棋，死不顧家」，害怕武漢失守，急得連日吐血。湘軍內部也產生了意見分歧，許多人包括胡林翼都要求撤安慶之圍，回救武漢。然而，曾國藩卻仍然十分清醒和堅定，死死盯著安慶，不因浮議而動搖。他在給胡林翼的信中說：「自今春以來艱難萬狀，逆黨之救援安慶，其取勢乃在千里之外。江西被陷一郡五屬，湖北被陷二郡十一屬，皆所以掣官軍之勢，解安慶之圍。論者多思撤皖圍之兵，回顧腹地之急，又有所謂棄皖南祁、黟等縣，斂兵退保江境者。鄙意皖圍馳，則江北之賊一意上犯鄂境，祁、黟退則江南之賊一意內犯撫、建，故始終仍守原議。」

　　在曾國藩看來，太平軍在江西、湖北攻城略地，都只是為了讓他從安慶撤軍，湘軍只要能破安慶就可以了，除此之外的得失都先不去管，轉機在這一、兩個月就會出現了。因而他下定決心，即使武漢落入太平軍的手裡，圍攻安慶的湘軍仍然不能退。曾國藩看得很清楚：即使太平軍有攻破湖北的軍力，也沒有防衛湖北的能力，武漢即使失去了，也會馬上收復，而安慶，卻不可能再圍了。他叮囑曾國荃說，如果武漢能夠保住，太平軍必然會回頭以全力來進攻圍攻安慶的湘軍；如果武漢有個三長兩短，落入太平軍的手裡，太平軍也會分出一部分力量守衛武漢，而以大部隊回來攻打安慶，甚至會打下武漢後棄而不顧。去年以圍魏救趙之計破江南大營，是太平軍的「得意之

第六章　後發制勝：掌控全局的藝術

筆」，今年肯定是「抄寫前文無疑」，目標仍在安慶。所以武漢能否保住，取決於太平軍回來攻打安慶時湘軍能不能撐過去，以定「乾坤能轉不能轉」。如果安慶之圍能撐過去，即使武漢落入太平軍之手，李續宜部隊也會收復該地，「是乾坤有轉機也」；如果安慶之圍撐不過去，即使武漢沒有什麼事情，太平軍的聲勢也會大漲，「是乾坤無轉機也」。因此，他對曾國荃強調說：「此次安慶之得失，關係吾家之氣運，即關係天下之安危。」

在曾國藩的堅持下，曾國荃所率領的湘軍不惜一切，拚死不解安慶之圍。陳玉成部隊攻武漢受阻後，不得不直接救援安慶，與湘軍在安慶進行策略性的決戰，最後不但沒能解安慶之圍，陳玉成也在轉戰途中犧牲。從此，太平天國後期戰爭形勢更加惡化。親自參加過此役的洪仁玕事後沉痛地說：「我軍最重大之損失，乃是安慶落在清軍之手。此城實為天京之鎖鑰而保障其安全者。一落在妖手，即可為攻我之基礎。安慶一失，沿途至天京之城相繼陷落，不可復守矣。」由此可見，曾國藩抓住策略重心、專圖安慶的策略方針，確實相當高明。

治軍先治心

戰爭是人類最殘酷的較量手段，它摧殘生命，甚至使許多人類文明在戰爭中消失。因此，古代便有「兵者，凶器，戰者，危事」的觀點。老子說：「兵者不祥之器，非君子之器，不得

已而用之。」范蠡說：「兵者凶器也，戰者逆德也，爭者事之末也。」

曾國藩深諳「兵者，陰事也」的道理，但身為對行軍打仗本不在行的書生，他每臨戰陣，多以失敗告終。但他非常重視總結教訓，而且關注民心的作用，嚴格約束部將。

戰爭的勝負取決於交戰雙方綜合能力的高低，而將士又是決定軍隊綜合能力高低的關鍵因素。因此，曾國藩在治軍中特別重視將士自身素養的訓練，他說：「用兵之道，最重自立，不貴求人⋯⋯務求我之兵力足以自立。吾苟整齊嚴肅，百度修明，渠亦自不至無端欺凌。」

曾國藩認為綠營兵的主要弊病有四：一是欺壓文官，不聽指揮；二是紀律敗壞，擾民太甚；三是勇於私鬥，怯於公鬥，敵來爭先逃潰，敵去殺民報功；四是勝則爭功，敗不相救。他認為造成這種情況的主要原因有二：一是薪餉太低，差役太重，訓練太差；二是軍事體制不良，調遣方法不善。薪餉低所以士兵無法養家餬口，不得不離營貿販，遇到操練的時候，就僱人頂替；差役重所以士兵經常離營承差，不僅耽誤軍事訓練，而且容易沾染上市井與衙門的壞習氣。這樣，必定會使軍隊能力下降，戰鬥力低下。由於綠營平時分防各地，有事臨時徵調，東抽一百，西拔五十，致使兵不習將，將不知兵，卒與卒不親，將與將不和，因此作戰時必定懷有異心，敗不相救。

八旗綠營彼此「敗不相救」是曾國藩最深惡痛絕的，所以曾

第六章　後發制勝：掌控全局的藝術

國藩在招募湘勇、組建湘軍時，一個綠營兵也不要，他怕「一條魚腥一鍋湯」，怕勇丁染上綠營兵習氣。他要把湘軍訓練成一支勁旅，一支有膽有技、能征善戰的子弟軍，他要使自己的軍隊成為一支「士卒精強」、「製械精緻」的武裝軍隊，成為一支可「破釜沉舟、出而圖事」的勁旅，成為一支「諸將一心、萬眾一氣」的隊伍。

曾國藩將湘軍的訓練分為訓教與操練兩種，以訓教為根本，特別注重思想教育。

湘軍的訓教，沒有製成明文頒布，但曾國藩所著的〈勸誡營官四條〉的第二條勤訓練以禦寇中有很清楚的記載。他寫道：「禁嫖賭，戒遊惰，慎言語，敬尊長，此父兄教子弟之家規也。為營官者，待兵勇如子弟，使人人學好，個個成名，則眾勇感之矣。」

曾國藩以理學大師的身分創立湘軍，因此他十分重視義理之教在湘軍中的作用。王守仁曾說過「破山中賊易，破心中賊難」，曾國藩遂將此思想運用到治軍上，則可理解為，重視「操練」就是「破山中賊」的外在功夫，而「訓教」則是「破心中賊」的內在功夫。因為「破心中賊難」所以對於訓教必須下苦功。如何訓教，曾國藩將其分為兩個方面，即官兵與兵民。

在官兵方面，曾國藩強調以義理來帶兵。曾國藩選擇營官時非常注意其精神品行。他說：「鄙意欲練鄉勇萬人，概求吾黨質直曉軍事之君子，將之以忠義之氣，而輔之以訓練之勤，相激相勵，而後可以言戰也。」曾國藩早年研究程朱理學，對仁義

禮智信心領神會，心悅誠服，他發現這套理論對處理官兵關係極為有用。

在湘軍中，曾國藩倡導將領如父兄般對待、教導士兵，士兵也就視將領為父兄，加上湘軍中實質存在親黨鄰里的血緣和地緣關係，每次在訓教後，均收到勇丁感動得五體投地的效果。正因為曾國藩帶兵如父兄教導子弟一般誠信，恩禮有加，勇丁自然亦視長官如父兄，充分展現了上下一心、同仇敵愾的精神。王定安在《湘軍記》中說：「於是隴畝愚氓，人人樂從軍。聞招募則爭出效命，無復綠營徵調離別可憐之色。其後湘軍戰功遍天下，從戎者日益眾。或募千人，則萬人應之，募萬人，則數萬人應之。……其隨營待補客死他鄉者，不可勝數，而湘人士迄無怨心，所謂有勇知方者耶。」

曾國藩十分重視湘軍的紀律教育，力爭以湘軍形象改變老百姓心目中「兵不如匪」的看法。曾國藩說：「恐民心一去，不可挽回，誓欲練成一旅，秋毫無犯，以挽民心而塞民口，每逢三八操演，集諸勇而教之，反覆開說至千百語，但令其無擾百姓。自四月以後，間令塔將傳喚營兵，一同操演，亦不過令弁兵前來，聽我教語。每次與諸弁兵講說至一時數刻之久。雖不敢云說法點頑石之頭，亦誠欲以苦口滴杜鵑之血。練者其名，訓者其實，聽者甚逸，講者甚勞。今各弁固在，具有天良，可覆按而一一詢也。國藩之為此，蓋欲感動一二，冀其不擾百姓，以雪兵勇不如賊匪之恥，而稍變武弁漫無紀律之態。」目的就在於，要在精神上喚

第六章　後發制勝：掌控全局的藝術

起湘軍兵勇的自覺，以對抗太平軍。曾國藩苦口婆心，開誠布公，勸導士兵嚴守紀律，愛護百姓。「苦口滴杜鵑之血」，以這種精神訓練教導的隊伍，慢慢就成為有主義的軍隊了。

對湘軍的操練，曾國藩強調勤與熟。他將湘軍營規定為《日夜常課之規》七條：

1. 五更三點皆起，派三成隊，站牆子一次。放醒炮，聞鑼聲則散。

2. 黎明演早操一次，營官看親兵之操，或幫辦代看。哨官看本哨之操。

3. 午刻點名一次，親兵由營官點，或幫辦代點。各哨由哨長點。

4. 日斜時，演晚操一次，與黎明早操同。

5. 燈時，派三成隊，站牆子一次，放定更炮，聞鑼聲則散。

6. 二更前點名一次，與午刻點名同。計每日夜共站牆子二次，點名二次，看操二次。此外，營官點全營之名，看全營之操，無定期，約每月四、五次。

7. 每夜派一成隊站牆，唱更，每更一人，輪流替換。如離賊甚近，則派二成隊，每更二人，輪流替換。若但傳令箭而不唱者，謂之暗令。仍派哨長、親兵等常常稽查。

曾國藩對湘軍日夜例行事項的七條規定，就是要突顯一個「勤」字，使士兵在營中日夜都有固定例行事項可做，嚴格遵守點

名、演操、站牆子、巡更、放哨等營規。曾國藩對治軍中「勤」字的理解是「治軍以勤字為先，由閱歷而知其不可易。未有平日不早起，而臨敵忽能早起者，未有平日不習勞，而臨敵忽能習勞者，未有平日不能忍飢耐寒，而臨敵忽能忍飢耐寒者」。他在寫給朋友的信中又提到：「治軍之道，以勤字為先。軍勤則勝，惰則敗。」可見，曾國藩認為只有在平日裡保持高度緊張，有備無患，戰時才能鎮定自若。

以和為貴

曾國藩在治軍上很重視「和」，以精誠團結，成就一番業績。他說：「行軍之道貴在人和而不爭權勢，貴求實效而不尚虛名。」舉大事者要不拘小節，要善於發現別人的長處，發揚別人的優點。「和」在理論上是一種修為、一種信念，在實踐上往往展現為一種策略。「和」不僅是目的，也是手段。

胡林翼作為湘軍集團第一個出任督撫的人，一直不肯踰越曾國藩湘軍集團精神領袖的位置，處處支援、幫助曾國藩成就大業。他所管轄的湖北成為曾國藩的軍糧庫；曾國藩東山再起，也是胡林翼實施釜底抽薪術才得以成功的。曾胡的「和」是湘軍崛起的基礎。

李鴻章是曾國藩的年姪，又與曾國藩有著一層師生關係，這在封建社會是非比尋常的。李鴻章在擔任曾國藩的幕僚期間，

第六章　後發制勝：掌控全局的藝術

「受化於無形」，學到許多為人處世的學問。祁門事件，李鴻章忠諫不成，脫離曾國藩賦閒，卻不肯投奔他處，可見李鴻章對曾國藩的依戀。不久曾國藩就寫信重召李鴻章回到他的幕府。後來，曾國藩又直接命李鴻章仿湘軍建立淮軍，奔赴上海戰場，不厭其煩地傳授李鴻章處理人際關係和與洋人打交道的技巧。李鴻章在上海對曾國藩的命令奉命唯謹，盡量揣摩，依照曾國藩的意思處理事務。曾國藩在平定太平天國後裁湘留淮，就是信任李鴻章，認為他的忠誠值得倚重。

但隨著李鴻章羽翼豐滿，在剿捻鬥爭中主要依靠淮軍作戰的曾國藩不斷受到干擾。曾國藩一再喻之於理：「吾二人視剿捻為一事，須如李家、曾家之私事一般」，「常存為父為師之心腸，或責之，或激之，無非望子弟成一令名，作一好人耳」。始終以「和」字為先。其間因李鴻章咄咄逼人使雙方產生許多不快，但隨著時間的推移，這些不快便漸漸淡去。李鴻章推曾國藩為中流砥柱，曾國藩則回敬：「來示謂中外倚鄙人為砥柱，僕實視淮軍、閣下為轉移。淮軍利，閣下安，僕則砥柱也。淮軍鈍，閣下危，則僕累卵也。」兩人互為倚靠，和好如初。曾國藩和李鴻章的利益是一致的。

同治元年（西元 1862 年）八月，湘軍在軍事方面正處於極其危險的境地。而皖南、鄂東、贛東一帶人少地荒，當時曾國藩部隊七萬人，每月需糧三、四百萬斤。就在此時發生了雪上加霜的事件，江西巡撫沈葆楨為確保江西本省的軍隊糧餉，截留

了供應曾國藩雨花臺大營的江西漕折銀五萬兩,並得到朝廷允准。曾國藩對「江西諸事掣肘,悶損不堪」,「僚屬不和順,恩怨憤懣」。儘管如此,他寫信給沈葆楨時還是極力保持委婉的語氣:「(近來)幸餉項來數較豐,為今年所未有,差強人意。若能如此,月之入款,即全停江西漕折猶可支持,特恐不可為常。且待萬過不去之時,再行緘商尊處通融辦理。」在關鍵時刻,曾國藩注重的還是一個和字。

沈葆楨做事也很重「和」。李元度是沈葆楨的至交,有一次李元度推薦自己的一個族姪到沈葆楨處求職。沈葆楨將其族姪好好地招待了一番,並把一些事情交給他處理,但沈葆楨很快就發現他不堪任用,於是便把他召來,問他家裡有多少人,每年需要多少銀兩才可生活,他回答說百金就夠了。沈葆楨當即拿出千兩銀子勸他回去,不再委派他做事。沈葆楨這樣處理,既沒有傷到與李元度的友情,又堅持了自己的原則,這就是「為和而和」。

雖然做事要注重求和,但「和」不是湊合,我們不能為了和而放棄做事的原則,只做「好好先生」。因為「面和心不和」、「一團和氣」有時反而會成為累贅。

穩步前進

曾國藩是中國近代傑出的軍事家,也是一個功罪鮮明、成就極高的人物。曾國藩的發跡,主要依靠湘軍;他的功和罪,

第六章　後發制勝：掌控全局的藝術

也大多與湘軍有關。他所組建的湘軍「別樹一幟，改弦更張」，先後鎮壓了太平天國運動和捻軍起義，既為維護封建統治建立了不朽功勛，又為中國走向近代、走向世界發揮了巨大的作用，是他人難以並駕齊驅的偉大功績。在軍事方面，他則不愧為中國近代軍事家的第一人。蔡冠洛編纂《清代七百名人傳》，將曾國藩歸入軍事人才。

曾國藩用兵極其穩健，「臨陣之際，務宜穩而又穩。佯敗不可猛追，孤軍不可深入」；「未經戰陣之勇，每好言戰。帶兵者亦然。若稍有閱歷，但覺我軍處處瑕隙，無一可恃，不輕言戰矣。」不輕言戰，即不打沒有準備之仗。他稱讚李續賓，說他「用兵得一『暇』字訣，不特平日從容整理，即使臨陣，也迴翔審慎，定靜安慮」。又說：「迪庵善戰，其得訣在『不輕進，不輕退』六字。」曾國荃統兵於吉安前線時，曾國藩叮嚀說：「凡與賊相持日久，最戒浪戰。兵勇以浪戰而玩，玩則疲；賊匪以浪戰而猾，猾則巧。以我之疲戰賊之巧，終不免有受害之一日。故余昔在營中誡諸將曰：『寧可數月不開一仗，不可開仗而毫無安排算計。』」

曾國荃在金陵前線時，他又囑咐說：「總以『不出壕浪戰』五字為主。」曾國藩所說的「浪戰」，指無法一決高下的情況下進行對戰。即或有小勝，或有小挫，浪戰都會帶來嚴重惡果，士卒不但因浪戰而疲乏，且因浪戰而輕忽戰事。與其如此，不如堅而守之，弁勇身心強健，鬥志昂揚，一戰可勝。這就涉及戰

爭中求勝的快與慢的問題。不浪戰，或堅守不戰，似乎勝之甚慢。實際上，養足精力，看準時機，戰而必勝，雖慢實快。否則，欲速則不達。曾國藩這個於穩健謹慎中求進取的策略，可以說是其策略思想的核心。

曾國荃在圍攻江西重鎮吉安時，曾國藩曾經為他寫下了一副對聯，上聯是「打仗不慌不忙，先求穩當，次求變化」。後來，這一句上聯成為曾國藩和太平軍作戰的最高原則。不但在策略思考上，同時在具體戰術、紮營修壘上，也展現了這一原則。

太平天國起義後，勢力很快就遍及長江流域，軍力發展到五、六十萬人，占領了長江流域的許多重要城鎮，而湘軍編練成軍後，兵力最初不過一萬七千人，發展到最後也不過十二萬人，相差甚為懸殊。太平軍往往是湘軍的幾倍，甚至是幾十倍，面對強大的太平軍，湘軍不得不採取防禦措施，先求立於不敗之地，然後趁機致人而不是致於人。

起初，湘軍不懂紮營要領，屢被太平軍所破，曾國藩力懲前失，努力吸取古代兵法的經驗：「攻城最忌蠻攻，兵法曰：將不勝其忿而蟻附之，殺士卒三分之一而城不拔者，此攻之罪也，故僕屢次寄書，以蠻攻為戒。」此後，他改變了策略：「此後不可再行蠻攻，堅壘須扼紮要地，賊所必爭之區，致令賊來攻我，我亦堅壁不與之戰。待其氣疲力盡而後出而擊之，自操勝算。」

曾國藩還積極學習太平軍紮營之術，並博考中國古代紮營

第六章　後發制勝：掌控全局的藝術

成法和歷代戰爭的得失，親定「紮營之規」。紮營修壘，圍而不攻，困死敵人成為曾國藩對付堅固城池的主要戰術。而太平軍為了打破湘軍的圍攻，又往往在內線組織反攻，在外線用援兵破圍，這樣湘軍又經常處在防禦的位置，從而使自己的攻堅戰變為進攻中的防禦戰，形成攻勢防禦的勢態。

為了能首先使自己立於不敗之地，達到圍困太平軍的目的，曾國藩對紮營修壘做了嚴格的規定。湘軍每進攻到一座城下，統領首先根據利於作戰的原則，選擇地勢險要的地方，要求「每到一處安營，無論風雨寒暑，隊伍一到，立刻修挖牆濠，一時成功。未成之先，不許休息，亦不許與賊搦戰。牆子須八尺高、一丈厚……內有子牆，為人站立之地。濠溝須一丈五尺深，愈深愈好，上寬下窄。」此後，湘軍都依照這個規定紮營。紮營修壘，築牆挖壕。正如曾國藩所指出的：「唯當酌擇險要，固壘深溝，先立於不敗之地。」曾國藩對部下李元度說：「紮營宜深溝高壘，雖僅一宿，亦須為堅不可拔之計，但使能守我營壘，安如泰山，縱不能進攻，亦無損於大局。」中國近代名將蔡鍔對湘軍的這個築營做法給予高度評價：「防禦之緊嚴，立意之穩健，尤為近世兵家所不及道者也。」

湘軍不但紮營以求自固，進攻敵人的堅壘、名城，也用紮營戰術來圍困敵人以獲得成功。咸豐六年（西元1856年），湘軍圍武昌，挖前壕來防武昌城內的太平軍出擊和突圍，挖後壕以阻擋太平軍的援兵。一般人的思慮不及湘軍深遠，笑稱挖後

壕為「拙」。後來太平天國翼王石達開率領援軍接近武昌，於是湘軍的後壕變為前壕，以對抗石達開，人們又感嘆其「巧」。咸豐十一年（西元 1861 年），胡林翼指示進攻安慶集賢關的湘軍將領鮑超「莫攻賊壘，而於距賊壘二里外，以兵力分前後左右圍之。每一面只須三營，遙遙相制，邀截樵汲，靜待十日，賊必無水、無米、無薪，自行奔潰。」鮑超遵照胡林翼的命令，不到二十天，就把守衛集賢關的太平軍四個堅固營壘全部攻克。這樣關係重大的戰果，僅僅是透過運用紮營戰術輕易得來的。

此後的湘軍戰役中，奪取九江、安慶，乃至金陵，都運用紮營戰術來圍困堅固城池而獲取成功。湘軍拔營有兩個特點：第一，隊伍要嚴整，哨探要嚴明；第二，不求神速，但求穩妥。對此，李鴻章說：「楚軍營規，無論調援何處，事勢緩急，仍守古法，日行三四十里，半日行路，半日築營，糧藥隨帶，到處可以立腳，勞逸飢飽之間，將領節養其氣力，體恤其艱苦，是以用兵十餘年，卒能成功，為其能自立於不敗之地，致人而不致於人。」故湘軍用兵，不患敵襲，不患中伏，很少有在拔營的時候，遇到全軍覆沒的情況，這正是由於其紮營的成規周全所致。

湘軍作戰，極重地勢。由於作戰的方略，隨山地與平原地勢的不同而迥異，所以在作戰前，湘軍的統帥、大將，必審地勢的險易。如湘軍攻武昌，曾國藩先乘小舟趕至漢口估量地勢。左宗棠攻杭州，先輕騎赴餘杭查看地勢。他們都在看清地

第六章　後發制勝：掌控全局的藝術

形以後，才制定進攻的方略。部下將領塔齊布常於清晨以單騎獨往查看地勢，不使將士知道；羅澤南每戰必先仔細審視地勢；王鑫每戰之前先勘地勢，然後招集將領，根據地圖各提所見，對此曾國藩很是欽佩。他們身經大小百戰，都是戰前先審地勢、扼險要，而後出奇制勝。不獨統帥，將領也以親看地勢為第一要義，其下營官、哨官乃至哨長、隊長，人人都以看地勢為行軍的要務，人人都知道審擇地勢。

這些例子說明：兩軍對壘，善靜者善養己之銳氣，躁動者必將再衰三竭，雖未戰而靜者已先勝一籌。所以，曾國藩說：「凡行兵，須積蓄不竭之氣，留有餘之力，《左傳》所稱再衰三竭，必敗的道理。」在沒有現代化武器，打仗只有刀矛，全靠體力，全憑勇氣的情況下，曾國藩的「靜」字法，無疑是有合理核心的。自然，曾國藩的「靜」字法，並不是消極懶散，被動挨打。他指出：「戰陣之事，須半動半靜，動者如水，靜者如山。」靜時如山之屹立，不可動搖；動則如水之奔騰，不可遏止。

正因為穩健謹慎，曾國藩又提出了「以主待客」的原則。他說：「兵不得已而用之，常存不敢為先之心，須人打第一下，我打第二下也。」這裡所說的打第一下、打第二下，不是從戰爭中誰正義誰不正義的角度出發，而是指具體戰役戰鬥中，誰先動手、何時動手的問題，即戰役戰鬥中何者為主、何者為客的問題。所以他說：「古之用兵者，於『主客』二字精審也。」何謂主客？曾國藩說道：「守城者為主，攻者為客；守營壘者為主，攻

者為客；中途相遇，先至戰地者為主，後至者為客；兩軍對峙，先吶喊放槍者為客，後吶喊放槍者為主；兩人持矛格鬥，先動手戳第一下者為客，後動手即格開而即戳者為主。」

如何處理主與客？曾國藩說：「凡出隊有宜速者，有宜遲者。宜速者，我去尋敵，先發制人者也；宜遲者，敵來尋我，以主待客者也。主氣常靜，客氣常動。客氣先盛而後衰，主氣先微而後壯。故善用兵者，每喜為主，不喜作客。」他評論湘軍將領時說：「近日諸名將，多禮堂好先去尋賊，李希庵好賊來尋我。休、祁、黟諸軍但知先發制人一層，不知以主待客一層。」以主待客，既可以逸待勞，養精以應敵，又可靜以審勢，乘機以破敵。所以，曾國藩認為，以主待客是致敵而不致於敵的最穩健方略。「凡撲人之牆，撲人之濠，撲者客也，應者主也。我若越濠而應之，則是反主為客，所謂致於人者也。我不越濠，則我常為主，所謂致人而不致於人也。」

曾國藩甚至把這套「主客論」延伸到策略層面上。他批評江南大營之所以失敗，是因為他們「內外主客形勢全失」。向榮、和春專注金陵一隅，而不顧對金陵上游的爭奪。在江北，連與江浦、六合緊連的和州、無為一帶也不去占領，安慶、廬州更不在他們的戰爭全局範圍之內。在江南，對與江南大營毗鄰的皖南地區，未加以控制，以鞏固大營的後方。

與此同時，向榮、和春又根據朝廷的旨令，「援浙、援閩、援皖、援江北，近者數百里，遠者二、三千里，援軍四馳，轉

第六章　後發制勝：掌控全局的藝術

戰不歸」，被太平軍逐一擊破。如馮子材率五千人援江北大營，幾乎被全滅於小店；在六合、浦口之役中，李若珠部隊五千餘人全部被殲於揚州，張國梁大敗於浦口，周天培部隊全軍覆滅。僅這兩次戰役，共損失「兵勇一萬數千名，精銳失之過半」。這叫做全失主客之勢。江南大營之所以全失內外、主客之勢，曾國藩認為，是因為向榮等人「不能從大處落墨，空處著筆也」。

總之，曾國藩對待戰爭中的快慢問題、動靜問題、主客問題，都是以「穩慎」二字為出發點來立論的。從中，我們不難體會曾國藩「打仗不慌不忙，先求穩當」的原則，而紮營看地則成為這一戰術的關鍵。湘軍用兵戰術，穩步前進，步步為營，不慌不忙，以《孫子兵法》「善戰者致人而不致於人」，逐步爭取主動為原則。故湘軍用兵很少陷於危地，常據險要之地以制敵命，出奇而致勝。曾國藩用兵，重視「主客」的說法，以守者為主，攻者為客，主逸而客勞，主勝而客敗。歸結來說，其軍事策略的要義主要展現在四個方面：一紮營壘以自固；二謹慎拔營以防敵襲；三看地勢以爭險要；四明主客以操勝算。

曾國藩不僅自己「穩紮穩打」，他還時常告誡帶兵將領勿求速度，必須「步步穩妥」、「穩紮穩打，機動則發」、「不必慌忙，穩圍穩守」。

養精蓄銳

「先發制人」重在以快取勝，招招快，使得對手接應不暇，出盡風光賺夠錢，永遠走在別人的前面；「後發制人」先是以不變應萬變，靜觀其變，待發現其已展露全部實力、招數使盡時，再不慌不忙地亮出自己的殺手鐧，把對方殺個措手不及，最後只能甘願認輸。你覺得哪一種更是致勝之道呢？

在曾國藩領兵打仗的那些年裡，他有一個基本思想清晰可見。那就是，他喜歡避其鋒芒，觀察其形，先削弱敵人力量，讓敵人的弱點暴露無遺，在動態中捕捉和創造戰機，待條件成熟時果斷決戰，從而奪得勝利，並在之後的對抗中掌握主動權。這是非常高明的策略思想，它不是負面的，而是正向的。

曾國藩就此提出了後發制人的思路。他在給曾國荃的信中寫道：「敵人向我進攻，應戰時一定要仔細考慮衡量，這樣多半會打勝仗。隨意應對而沒有仔細考慮衡量，輕率地發兵向敵人進攻，多半會打敗仗。兵者是不得已而用的，所以應常常保持著一顆不敢為先之心，必須讓對方打第一下，我才打第二下。」在同一封信中，他還說：「與強悍的敵人交手，總要以能看出敵人的漏洞和弊病為第一重要的目標。如果在敵方完全沒有漏洞、弊病的情況下，我方貿然前進，那麼我方必定產生漏洞和弊病，並已被對方所掌握。不要在自己情緒急躁的時候做決定，不要因大而空泛的議論所動搖，自然能夠瞄準敵方可以突破的漏洞。」

第六章　後發制勝：掌控全局的藝術

　　鬼谷子曾經說過：計謀可以分為上、中、下三等。上謀是無形的謀略，它使事業成功但不為人所知；中謀是有形的謀略，它有助於成就事業卻留下痕跡，但因為用得巧妙，大家都稱讚它；下謀是迫不得已使用的下下之策，它也能扶危濟困，但費力傷物。以上三種計謀相輔相成，可以制定出最佳的計畫，皆可稱為奇謀。奇謀既出，所向披靡，自古皆然。

　　據此，鬼谷子提出：「欲聞其聲反默，欲張反斂，欲高反下，欲取反與。」這就是利用事物相輔相成的規律，從反面達到正面的方法。鬼谷子還強調：對方所不欲，勿強加於人；不要指出對方的錯誤且教導他；對方有短處，就避而不說；聖人的謀略是隱祕的，唯有愚蠢之人喜歡張揚外露。

　　曾國藩發現，將老子和鬼谷子「欲奪先與」的策略運用到軍事上，可收到奇效。春秋戰國時期，晉國曾稱霸一時。朝中的權臣智伯向另一權臣魏桓子提出向晉公奉獻城邑的要求。魏桓子大怒，欲與之拚鬥。這時，他的部下任章卻老謀深算地說：「我們不妨暫時答應他，他定會欲壑難填，從此不斷地向人提出奉獻城邑的要求，惹得天怒人怨。然後，各家族聯合起來，他必死無葬身之地。」後來，智伯果然被各家族追殺，最後戰敗被殺。

　　曾國藩認為，這個例子就說明了「後發制人」策略不可忽視的力量。其實，戰國時期還有一個類似的例子。魏文侯欲借趙國之路去打中山。趙肅侯這下遇到了一個不小的麻煩。如果拒

絕,就得承受與大國交惡的後果;如果同意,讓別國軍隊踏上自己的領地,實在是心有不甘。思前想後,他也沒有什麼好辦法。這時,趙刻勸諫道:「事情可以換一個角度來思考。如果魏國打不下中山,魏國必定疲弱不堪,也就沒有什麼可怕的;如果打下了中山,表面上魏國得利,實際上他無法把中山帶回,受益的將是我國,所以應當讓魏國軍隊通過,我們保存實力,最後根據情況再做下一步安排。但是請大王注意一點,如果您滿臉喜色地答應,魏王必然起疑,便會停止行動。大王應表現出不大情願的樣子,最後才勉強答應,這樣才能做到完美。」趙肅侯聽了,覺得非常有道理,於是欣然採納。果然,最後趙國因魏國虛弱而奠定了自身強大的基礎。趙肅侯假手於敵,不戰而勝,這就是「後發制人」。

在老子的思想中,「柔弱」是萬物具有生命力的表現,也是真正有力量的象徵。春秋時期,楚國有一年發生了大災荒,原本臣服於楚的庸國乘機反叛。楚國調動軍隊前去鎮壓,卻被庸軍打敗。於是有人提出,敵人眾多,楚國應徵發大軍,連同楚莊王的禁軍也一齊參戰。楚國大夫師叔表示反對,他說:「現在不能那樣打,暫時仍以這些部隊與敵人周旋,使敵人驕縱。敵驕我怒,最後就能打敗對方了。」於是,楚軍又接連與庸軍打了七仗,七仗都主動撤退。庸軍接連取勝,將驕兵疲。楚軍一直退到臨品(今湖北均縣鎮境內),與楚莊王主力部隊會師,取得秦、巴兩國幫助,又與當地少數民族部落結盟。經過一番

第六章　後發制勝：掌控全局的藝術

準備，他們趁著庸軍驕傲鬆懈的時機，分兵兩路反擊，一舉獲勝。這就是示人以弱、後發制人的典型案例。

當然也可以說，這種先是忍讓退縮，而後制人的道理，也是中庸思想的另一種實踐。《李衛公問對》一書中說：「後則用陰，先則用陽；盡敵陽節，盈吾陰節而奪之，此兵家陰陽之妙也。」這句話的意思就是：後發制人要用潛力，先發制人要用銳氣，把敵人的銳氣抑制到最低限度，把我們的潛力發揮到最大程度去消滅敵人，這是用兵的奧妙之處。不難理解，先發制人的最大弱點是「覆水難收」，說出去的話收不回來，邁出去的步伐退不回來，容易暴露自己的缺陷與問題，容易被對方抓住把柄。反應太強烈，有可能火上澆油，使局勢更難控制；反應太軟弱，則有可能被對方利用，有可能出現路越走越窄、越來越被動的情形。而後發制人就是強調先退一步，化解敵人力量，然後制敵。後發制人，要注意其中的「發」字，這是講出力的時機。「發」字掌握不好，達不到克敵致勝的最終目標。

我們知道，水無論流向哪裡，遇到阻力都會自行退讓；正面流不過去就向左，左方流不過去又向右，每一個方向都流不過去時，就停下來，積蓄自己，等待時機變化以及各種其他條件變動，等到自身條件或外部條件成熟後，又開始新的旅程。曾國藩後發制人的人生策略，順應著自然力量運作的大道，值得我們重視。

第七章

權謀與生存：官場中的進退法則

第七章　權謀與生存：官場中的進退法則

成大事需謹言慎行

　　謹慎並非美德，卻是成大事必備的素養。《詩經》中說，做事應當「惴惴小心，如臨於谷；戰戰兢兢，如履薄冰」；《管子》中說：「其所謹者小，則其所立亦小；其所謹者大，則其所立亦大。」認為一個人成就的事業大小與其謹慎程度高低成正比；俗語說「諸葛一生唯謹慎」；朱熹說，古今大英雄豪傑，必有臨深淵履薄冰的感受才能成大事，他在給陳亮的書信中說：「真正大英雄人，卻從戰戰兢兢、臨深履薄處，做將出來。若是血氣粗豪，卻一點使不著也。」明代大儒薛瑄也說：「聖賢成大事業者，從戰戰兢兢之小心來。」

　　呂坤的《呻吟語》、洪應明的《菜根譚》、石成金的《傳家寶》是明清處世三大奇書，也都把謹慎作為待人處事的祕訣。呂坤說：「世間事各有恰好處，慎一分者得一分，忽一分者失一分，全慎全得，全忽全失。小事多忽，忽小則失大；易事多忽，忽易則失難。」洪應明說：「思立掀天揭地的事功，須從薄冰上履過。」意思是，想要做成驚天動地的事業，就要如同在薄冰上行走一樣謹慎才行。

　　謹慎方可成大事，可以說是古代賢哲經歷無數磨難後總結出來的真理。為人如此，自修如此，做官更需如此。因此，為官三箴（清、慎、勤）中，「慎」字被列為第二，僅次於「清」字，比「勤」字還重要一點。

何謂慎？剛毅說：「行不放逸，語不宣洩，謂之慎。」也就是說，一言一行，均須慎重。謹慎方能成大事，不慎則往往會失敗。「謀慮機權，不可以不密。憂患生於所忽，禍害興於細微。人臣不慎密者，多有終身之悔。故言易洩者，召禍之媒也；事不慎者，取敗之道也。」

怎樣做才算是謹慎呢？

其一，要深思熟慮。每遇到一件事，都要進行詳細的調查，充分而全面地掌握情況，反覆思考，得出解決的辦法，沒有疑問，再付諸實施。正如宋人陳襄所說：「官司凡施設一事情，休戚系焉。必考之以法，揆之於心，了無所疑，然後施行。有疑，必反覆致思，思之不得，謀於同僚。不然，寧緩以處之，無為輕舉，以貽悔怨。」古人云：「處事最當熟思緩處。熟思則得其情，緩處則得其當。」

其二，一言一行都要謹慎。清人高廷瑤指出：「夫居官之要，莫要於謹言慎行。舉止戒浮動，措辭戒誇張。上官及伴侶有事相商，不可漏洩，所謂幾事不密則害成也。」清人文海認為：「『慎』字所包甚廣，不獨刑罰之措施，錢穀之出納，凡堂上之一喜一怒，署內之一言一動，俱有關係，不可任我性情。」

其三，謹始慎終，時時都要謹慎。清人鄭端說：「事必謀始。涖事之初，士民觀聽所繫，廉汙賢否所基，作事務須詳審，未可輕立新法，恐不宜人情，後難更改；持身務須點檢清白，且不可輕與人交，恐一有濡染，動遭箝制，不但賄賂可以汙人而已。」

第七章　權謀與生存：官場中的進退法則

人不僅要謹始，而且要慎終。正如元代名臣張養浩所說：「為政者不難於始而難於克終也。初焉則銳，中焉則緩，末焉則廢者，人之情也。慎始如終，故君子稱焉。」老子說「慎終如始，則無敗事」指的就是這層意思。

曾國藩生性就很謹慎，不是粗心魯莽毫無顧忌的人。但他一生之中，有多次轉變，性格也有很大改變。他剛進入仕途還以「敢」字為目標，以「強」字自勵。隨著深入官場，他體會到仕途險惡，性情更加謹慎，甚至如他自己所云：「已由慎生葸，葸者，畏懼之意也。」朱之瑜說過：「慎者，美德也，而過用之，則流於葸。」如果由慎而懼，膽子越來越小，恐怕就什麼事也辦不成。左宗棠性情剛烈，李鴻章則甚為圓通，二人都批評過曾國藩膽小。

同治二年（西元 1863 年），曾國藩給李鴻章的信中說：「國藩敗挫多年，慎極生葸，常恐一處失利，全局瓦解，心所謂危，不敢不告也。」可見，他之所以如此謹慎，是因經歷太多失敗之故。曾國藩一生經歷過許多敗仗，其中關係到全局的大敗，他自己總結有四次。一是湘軍初次出兵，遭遇靖港之敗，全軍潰敗，曾國藩險些自盡；二是湖口之敗，為石達開所困，水師失利，他的座船也成為太平軍的戰利品，又險些投水自殺；三為三河鎮之役李續賓全軍覆沒，曾國華身死，湘軍百戰精銳喪失殆盡；四為祁門之圍，被李秀成數十萬人所困，僥倖逃生。此外，其他敗仗不勝枚舉。因兵敗而亡的湘軍大將，從塔

齊布、羅澤南、劉騰鴻三兄弟到李續賓、張運蘭，前後有數十位。如果這些敗仗還不能讓他變得謹慎，那才是怪事。

軍事上的謹慎固然重要，但對曾國藩而言，太平軍不可怕，打敗仗不可怕，最可怕的是官場風雲。在他官卑位微時，尚未悟出其中奧妙，隨著他官大權大，在官場混跡越久，越深陷其中時，越感到可怕。同治皇帝繼位以後，慈禧當政，這個女人心狠手辣，更令曾國藩生畏，從而也更加謹慎。

古代講究以文治國，如魏文帝曹丕所言，文章乃經國之大事，科舉制度考的就是一個人的文章。文章表現一個人的品德，所以有「文如其人」之說，文章表現個人的見識，也表現一個人的才能。對於臣子而言，想要表達自己的立場、觀點，能否為君主所用，文章好壞是關鍵。對朝臣尚且如此，對地方官更不用說了，當時交通落後，主要消息只能靠書信傳達。一般官員，至少三、五年方能入京覲見，奏牘就成了他與君主溝通最便利的媒介。所以曾國藩認為，奏議是臣子最重要的事，要謹慎對待，下一番功夫才行。

曾國藩文章高妙，被譽為晚清國手，所擬奏牘也非他人可及。據研究，他的奏稿在不同時期，也有顯著變化。整體特點是：明快簡練，凝重沉穩。但前期的奏稿顯得戇直、激切、倔強；後期即咸豐八年（西元 1858 年）他重新出山以後，其特點則變為綿裡藏針，縝密老到，平淡質實。咸豐八年是他仕途變化最明顯的一年，經此番風波後，他漸趨謹慎，也充分展現於

第七章　權謀與生存：官場中的進退法則

在奏牘中。

曾國藩對奏牘的重視，不僅表現在他往往親自撰寫，言辭謹慎，大多經反覆思慮才定，即使是幕僚代筆，他也都要親自改過才發；此外，還表現在他慎選代寫奏章的幕僚上。他手下的幕僚，包括各方面的人才，但最重要的則是草擬奏稿的人。李鴻章在他幕下，主要就是擔任草寫奏稿的任務。曾國藩稱讚他的文章得一「辣」字訣。薛福成之所以受曾國藩賞識，即因其文筆獨到，善寫奏章，後不離曾國藩左右。曾門四大弟子，人人都是寫奏牘的高手。

當時能向皇帝奏事是一種特權，表明這個人已得到皇帝的重視。如何好好利用這樣的機會，就要在奏章上下功夫。曾國藩頻頻教導手下，面對奏牘一定要謹慎行事。同治元年（西元1862年）正月，曾國藩讀了洪亮吉的〈上成親王書〉。此人就因為上了這一奏疏，被發配新疆。曾國藩讀後說，其實也沒有什麼犯忌諱的地方，饒是如此，尚且遭此大禍，可見奏疏不可不慎呀！

曾國藩是寫文章高手，他以深厚理學才識為基礎，宗法桐城派文風，風格雄健剛勁，自成一家。他對於政治的敏感度，也是常人難以企及的。咸豐十一年（1861），慈禧太后與恭親王奕訢發動祺祥政變，囚禁了肅順、載垣、端華等顧命八大臣。不久，端華、肅順、載垣被處死。曾國藩聞訊大驚，在日記中寫道：「駭悉贊襄政務怡親王等俱已正法，不知是何日事，又不

知犯何罪戾,罹此大戮也!」其心中驚懼之情由此可見。

　　肅順是清朝較為開明的大臣,就是他鼎力推薦曾國藩,營救左宗棠的,他的幕僚王闓運、郭嵩燾都與湘軍有極密切的關係。因此肅順一黨被滅,曾國藩一則震驚於慈禧的狠辣,另外也預感事情不妙。此際,胡林翼、左宗棠等心腹建議他自立,以免受人所制。

　　但慈禧也不傻,她知道如果對曾國藩不好,肯定會激起事變,此時清廷內憂外患,無法頂住太平軍、湘軍的雙重打擊,那就離亡國不遠了。為籠絡曾國藩,她下令嘉獎,實授曾國藩為兩江總督,並統領四省軍政,全權指揮平定太平天國大計,並加授協辦大學士。曾國藩成為清代封疆大吏兼大學士銜之第一人。在此厚待之下,曾國藩知道慈禧還是明白人,自己不會有性命之憂,這才安心。但他也由此明白此人不易對付。當接到任命封賞的諭旨時,他不喜反憂。他在日記中寫道:「余近浪得虛名,亦不知其所以然,便獲美譽。古之得虛名而值時艱者,往往不克保其終。思此,不勝大懼。將具奏摺,辭謝大權,不敢節制四省。」

　　針對如何上奏,他與幕僚們計議多日。後來奏請撤銷總領四省軍政的權力,朝廷不允,曾國藩也只好奉命。曾國藩不久後再次上奏朝廷稱頌慈禧之「英斷」,為「自古帝王所僅見」,其實也只是為了保住慈禧對自己的信任。曾國藩在仕途上總是謹小慎微,但仕途風波總是伴隨著他。攻破天京後,太平天國滅

第七章　權謀與生存：官場中的進退法則

亡，又到了兔死狗烹的時候，此時有幾位御史開始製造輿論，攻擊曾國荃縱兵搶掠、謊報戰功，甚至牽涉到了曾國藩，一時朝野議論鼎沸。曾國藩知道這是慈禧的手段，為了保全自己，他不得不以退為進，勸曾國荃退隱，裁撤湘軍，這才使形勢穩定下來。

曾國藩還善於從歷史的經驗中學習處世之道。他在總結歷代權臣下場時發現，權位往往是致禍之源，尤其是兵權。戰國秦將白起、西漢的韓信、明代的藍玉，都是因兵權過重、聲望過高而被殺的。曾國藩手握十幾萬重兵，足以推翻清廷，更為朝廷所忌。對此，他早有警惕。同治三年（西元1864年）初，他就寫信給摯友倭仁，訴說自己的不安：「自古柄兵之臣，廣攬利權，無不獲禍譴者。侍忝附儒林，時臨冰淵，而使人以廣攬利權疑我，實覺無地自容。」所以剿滅太平軍後，曾國藩首先想到的是裁湘軍，但同時保留了淮軍，仍留有實力。這就是所謂的李代曾僵之計。

不能太有權，亦不可無權。無權則受人任意宰割，悔則晚矣。有人勸曾國藩急流勇退，曾國藩不聽，也是同樣的考慮。也正多虧了他這種謹慎態度，才得以善終。倘若探究其居高位的奧祕所在，不過一「慎」字而已。但道理人人能知，真正做到的，古今又有幾人？

毛羽不豐，別急著高飛

曾國藩為人處世謹慎至極，他效仿諸葛亮，也有幾個「不做」，不是自己的責任的事情不做，利於自己不利國家的事情不做，條件不成熟的時候不做。其中，最後一條最為重要，用他的話說就是：「毛羽不豐，不可以高飛。」

過早將自己的底牌亮出去，或在不足以致勝的情況下出兵，往往會在以後的交戰中失敗。羽翼未豐滿時，更不可四處張揚。《周易》乾卦中的「潛龍在淵」，就是指君子待時而動，要善於隱藏自己，不可輕舉妄動。曾國藩早年在京城為官時，深研《周易》，對「潛龍在淵」尤為留心。

曾國藩初建湘軍時，水陸兩軍加起來僅有一萬七千人，而這時的太平軍正處於鼎盛時期，其武裝部隊經過兩年戰爭的磨練，已經成為精銳之師，而且人數眾多，將近百萬。曾國藩的區區一萬多人，與其對抗，無異於以卵擊石。

對於這一點，曾國藩心裡十分清楚，因此為保護他的起家資本，他堅持了這樣的原則：軍隊編制不全不能出擊，裝備不良不能出擊，訓練不精不能出擊。這種策略和太平軍不同，太平軍實行人海戰術，多多益善，曾國藩則沒有從人數的多寡進行考量。他說，「兵貴精而不貴多」。人多就難以練成精銳，而且當時的財政狀況無法負擔。他強調，練、訓二字缺一不可，不但紀律、作戰能力要過關，價值觀也要過關。他曾經對手下

第七章　權謀與生存：官場中的進退法則

的大將塔齊布說過，只要一個人沒有過關，他就不帶這支軍隊上戰場。在他的嚴厲要求下，湘軍從開始建立，其整體能力就遠遠高於清廷的其他武裝集團。

咸豐三年（西元 1853 年），曾國藩計劃練勇萬人，壯大湘軍的力量，使之成為能獨立作戰的複兵種軍隊，他和好友郭嵩燾等人祕密商定，同時還要建立水師，以對抗太平軍水軍。江忠源不知深淺，立刻向清廷上奏和盤托出，結果船炮未齊就招來咸豐皇帝的一連串徵調諭旨。第一次是咸豐三年（西元 1853 年），太平天國西征軍攻進蘄、黃一帶，武漢危急，清廷接連下令命曾國藩率船炮增援湖北；第二次是同年十一月，太平軍大將胡以晃進攻廬州，清廷令曾國藩督帶船砲兵勇速赴安徽救援；第三次是咸豐四年（西元 1854 年）正月，太平軍襲擊攻破清軍黃州大營，清廷再次催促曾國藩赴援武漢。

曾國藩深知太平軍兵多將廣，訓練有素，絕非一般農民起義隊伍可比擬，沒有一支勁旅就不能貿然與之對抗。況且與太平軍爭雄首先是在水上而不是在陸上，沒有一支善戰的水軍，以及得力的船炮，便無法與擁有千船百艘的太平軍相互抗衡，甚至連兵力調動和糧餉供應都會發生困難。因而，曾國藩打定主意：船要精工良木，堅固耐用；炮要不惜重金，全數購入西式火炮。船炮不齊，絕不出征。他在給朋友的信中說：「劍戟不利不可以斷割，毛羽不豐不可以高飛。⋯⋯此次募勇成軍以出，庶與此賊一決死戰，斷不敢招集烏合，倉卒成行，又蹈六月援

江之故轍。雖蒙縻餉之譏,獲逗留之咎,亦不敢辭。」一時形成「千呼萬喚不出來」的局面。

曾國藩接到諭旨後,仍然拒絕出征。他在奏摺中陳述船炮未備、兵勇不齊的情況之後,慷慨激昂地表示:「臣自維才智淺薄,唯有愚誠,不敢避死而已,至於成敗利鈍,一無可恃。皇上若遽責臣以成效,則臣惶悚無地!與其將來毫無功績,受大言欺君之罪,不如此時據實陳明,受畏葸不前之罪。」並進一步傾訴說:「臣不嫻武事,既不能在籍終制,貽譏於士林;又復以大言債事,貽笑於天下,臣亦何顏自立於天地之間乎!中夜焦思,但有痛哭而已。伏乞聖慈垂鑑,憐臣之進退兩難,誠臣以敬慎,不遽責臣以成效。臣自當殫竭血誠,斷不敢妄自矜詡,亦不敢稍涉退縮。」

咸豐皇帝看了奏摺,深為曾國藩的一片「血誠」所感動,從此不再催其赴援外省,並以「硃批」安慰他說:「成敗利鈍固不可逆睹,然汝之心可質天日,非獨朕知。」曾國藩「聞命感激,至於泣下」,更以十倍的努力,加緊進行出征的準備。多少年後,他還對此念念不忘,並專門請人從京中抄回原奏(底稿在湖口之敗與座船一起丟失),與咸豐皇帝的「硃批」一起留存,「同志恩遇」。

曾國藩為堅持船炮不齊不出省作戰的原則,不僅拒絕了清朝最高統治者咸豐皇帝的命令,也摒棄了師友的私人情義。

當湖北第一次陷入危難時,曾國藩在接到咸豐皇帝的旨意

第七章　權謀與生存：官場中的進退法則

之前，就已經先接到湖廣總督吳文鎔求其急速援救的函札。吳文鎔是曾國藩的老師，二人長期的情誼非比尋常，無論公理私情他都應該迅速赴援。但是，曾國藩接到吳文鎔的信函後仍不想赴援，只是由於王鑫誓報江西謝邦翰等人被殲之仇，積極要求赴援湖北，才不得不勉強同意。後來一接到「武昌解嚴，暫緩赴鄂」的諭旨，他便立即取消了王鑫赴鄂之行。不久，太平軍西征部隊揮師西上，吳文鎔接連發信向曾國藩求援，曾國藩都回信拒絕了，並反覆說明不能草草輕發的道理。吳文鎔終於被曾國藩說服，雖知此次必死，仍令曾國藩萬勿草草而出。他還特別致書道：「我今為人所逼，以一死報國，無復他望。君所練水師各軍，必等稍有把握，然後可以出而應敵，不要因為我的緣故，輕率東下，東南大局，完全倚仗你一人，務以持重為意，倘若你有不測之險，恐怕連後繼者都找不到了。我雖然是老師，涉及國家的分量還是不如你重要。望你三思。」

當太平軍進攻廬州時，江忠源危在旦夕，曾國藩亦拒絕出征，僅派劉長佑率一千新勇由陸路赴援。結果江、吳二人先後兵敗自殺，這對曾國藩是個沉重的打擊。江忠源在曾國藩諸門生中，最早辦團練，最有實戰經驗，同時也任職最高，最得朝廷的信任。曾國藩曾打算練勇萬人交由江忠源指揮，完成鎮壓太平天國的重任，而自己只在後方辦理練兵籌餉等事。不料未待成功，江忠源就殉身了，這無異於砍去了曾國藩的臂膀，使他明知自己不善帶兵而又不得不親自出征。吳文鎔的死對曾國

藩打擊更甚，吳文鎔身任湖廣總督，既是曾國藩的老師，又是他強而有力的後臺。若吳文鎔仍在，處處有人幫他說話，或許不至於陷入後來那樣的政治困境。可見，曾國藩堅持新軍未成不輕易出省作戰的方針，雖然使他贏得了充分的準備時間，為其後來的軍事勝利打下基礎，但同時也為此付出了巨大的代價。

這個世界是憑實力講話的，沒有實力就沒有發言權，這是現實世界一條亙古不變的規律。因此，欲成大事者必須懂得保存和發展自己的實力，在自己實力不足時千萬不可輕舉妄動。

少言實做

曾國藩說：「〈揚雄傳〉云：『君子得時則大行，不得時則龍蛇。』龍蛇者，一曲一直，一伸一屈。如危行，伸也，言孫，即屈也。此詩畏高行之見傷，必言孫以自屈，龍蛇之道也。誠中形外，根心生色，古來有道之士，其淡雅和潤，無不達於面貌。余氣象未稍進，豈者欲有未淡邪？機心有未消邪？當猛省於衷，而取驗於顏面。」這顯然是時機未到，在行所謂龍蛇之道。雖然已經很難看破，他還是覺得自己藏得不夠深，準備再進一步，讓人一點徵兆也感覺不到。

曾國藩常用「厚藏匿銳，身體則如鼎之鎮」這句話教導僚屬及家人，這兩句話可以作為座右銘來遵循。「藏」是什麼？藏是為了掩飾鋒芒，不讓別人察覺。即本來強，卻裝弱，本來大，

第七章　權謀與生存：官場中的進退法則

卻裝小，目的是為了更有效地出擊，讓別人防不勝防。曾國藩說：「藏，匿也，蓄也；鋒，尖也，銳也。藏鋒乃書家語，言筆鋒藏而不露也。吾謂言多招禍，行多有辱。是故，傲者人之殃，慕者退邪兵。為君藏鋒，可以及遠；為臣藏鋒，可以至大。訥於言，慎於行。乃吉凶安危之關，成敗存亡之鍵也。」

屈是為了伸，藏鋒本是蓄志，不屈難以伸展，鋒芒不藏志從何來？曾國藩的「藏鋒」表現在他與君和僚屬的共同處事上，這種藏鋒來自他對中國傳統文化的認知，來自他對儒、釋、道三家文化的統整。

一般談曾國藩的思想往往只談儒家文化方面的影響，作為一個對中國傳統文化做過全面研究的人，曾國藩對道家文化也情有所鍾，尤其是在他的晚年。他終生都喜讀《老子》，對受道家文化影響很深的蘇軾欽佩不已。在政治、為人方面，曾國藩是一個儒家；在軍事、養生方面，曾國藩又是一個道家。這些都為他掌握藏露之道打下了扎實的思想基礎。

曾國藩認為，鋒芒會帶給人許多不必要的麻煩。人不能獨有才智，還要修煉自己，蓄勢而發，此時最重要的是去掉鋒芒，少言實做。

同治三年（西元1864年）攻破金陵，紅旗報捷，曾國藩把官文列於捷疏之首，就是為了隱藏自己的鋒芒，尤其是裁撤湘軍，留存淮軍，意思更為明顯。不裁湘軍，恐功高震主，危及身家，如裁淮軍，手中不操鋒刃，則任人宰割，因此他叫李鴻

章留下淮軍以保留實力。

曾國藩到達金陵以後,於七月初四「定議裁撤湘勇」。在七月初七的奏摺中,曾國藩向朝廷表示:「臣統軍太多,即擬裁撤三、四萬人,以節靡費。」從當時的資料來看,曾國藩裁撤湘軍的表面原因是湘軍已成「強弩之末,銳氣全銷」,而時人卻認為這全是為避鋒芒的藉口。時人王定安就說過:「國藩素謙退,以大功不易居,力言湘軍暮氣不可復用,主用淮軍。以後倚淮軍以平捻。然國藩之言,以避權勢,保令名。其後左宗棠、劉錦棠平定關外盜寇,威西域,席寶田征苗定黔中,王德榜與法朗西(法蘭西)戰越南,皆用湘軍,暮氣之說,庸足為定論乎?吾故曰,國藩之暮氣,謙也。」

當時,曾國藩所統湘軍約計十二萬人,但左系湘軍進入浙江以後,已成獨立狀態;早在攻陷金陵以前,江忠義、席寶田兩軍一萬人已調徵至江西,歸沈葆楨統轄;鮑超、周寬世兩軍兩萬餘人赴援江西以後,隨即也成為沈葆楨的麾下人馬;剩下的就只有曾國荃統率的五萬人,而這些人也正是清廷最為擔心的。於是,曾國藩從這五萬人開始進行裁撤。

曾國藩留張詩日等一萬餘人防守江寧,一萬五千人由劉連捷、朱洪章、朱南桂率領,至皖南、北作為巡防軍隊,裁撤了助攻金陵的蕭衍慶部隊(李續宜舊部)近萬人和韋志俊的兩千五百餘人。同治四年(西元1865年)正月,他又裁撤防軍十六營八千人,但只有張詩日一營願隨曾國藩北上,其餘的都

第七章　權謀與生存：官場中的進退法則

不願北上，於是曾國藩又裁撤了其餘的七千五百人。之後，他又陸續裁了劉連捷、朱洪章、朱南桂三軍。此時，曾國藩能夠調動的部隊只剩下張詩日一營和劉松山老湘營六千人。

在裁撤湘軍的同時，曾國藩還奏請曾國荃因病開缺，回籍調養。此時，曾國荃因攻陷金陵的所作所為，一時間成為眾矢之的。同時，清廷對他也最為擔心，唯恐他登高一呼從者眾，所以既想讓他早點離開軍營，又不想讓他赴任浙江巡撫。無奈之際，曾國藩只好說其病情嚴重，需回鄉調理。很快清廷便批准了曾國藩所奏，並賞給曾國荃一棵六兩重的人蔘，以示慰藉。而曾國荃卻大惑不解，憤憤不平之色溢於言表，甚至在眾人面前大放厥詞以發洩其不平，致使曾國藩十分難堪。曾國藩對友人回憶說：「三年秋，吾進此城行署之日，舍弟甫解浙撫任，不平見於辭色。時會者盈庭，吾直無地置面目。」所以，曾國藩只好勸慰他，以解開其心結：「弟何必鬱鬱！從古有大勞者，不過本身一爵耳，吾弟於國事家事，可謂有志必成，有謀必就，何鬱鬱之有？」

在曾國荃四十二歲生日那天，曾國藩還特意為他創作了十二首七言絕句以表祝賀。曾國藩的至誠話語，感動得曾國荃熱淚盈眶，竟放聲慟哭，以宣洩心中的憂鬱之氣。隨後，曾國荃返回家鄉，但怨氣難消，導致大病一場，從此，辭謝一切所任，直至同治五年（西元1866年）春，清廷命其任湖北巡撫，他才前往上任。

早在裁湘軍之前，曾國藩就寫信給李鴻章說：「唯湘勇強弩之末，銳氣全銷，力不足以制捻，將來戡定兩淮，必須貴部淮勇任之。國藩早持此議，幸閣下為證成此言。兵端未息，自須培養朝氣，滌除暮氣。淮勇氣方強盛，必不宜裁，而湘勇則宜多裁速裁。」

曾國藩信中之意極深，只有李鴻章才能理解他的苦衷：清廷疑忌握有兵權的湘淮將領，輿論推波助瀾，欲殺之而後快，如湘淮並裁，斷無還手之力，若留淮裁湘，則能夠強力牽制清廷採取的消滅功高震主者行動。李鴻章窺見到清廷的想法，又理解了曾國藩的真實意圖，因而決定投雙方所好，坐收漁翁之利。他深知在專制制度下「兵制尤天下大計，淮軍興衰關乎個人宦海浮沉」。他致函曾國藩表示支持裁湘留淮的決策，說「吾師暨鴻章當與兵事相終始」，淮軍「改隸別部，難收速效」、「唯師門若有徵調，威信足以依恃，敬俟卓裁」。由於曾、李達成默契，所以裁湘留淮遂成定局。

同治九年（西元 1870 年）五月，曾國藩作了一副對聯：「戰戰兢兢，即生時不忘地獄；坦坦蕩蕩，雖逆境亦暢天懷。」曾國藩藏鋒的「龍蛇伸屈之道」，是一條自我保護、實現自我價值的生存之道。實際上，藏鋒露拙與鋒芒畢露是兩種截然相反的處世方式。

鋒芒引申為人顯露在外的才幹。有才幹本是好事，是事業成功的基礎，自然有必要在恰當的場合顯露出來。但帶刺的玫瑰

第七章　權謀與生存：官場中的進退法則

最容易傷人，也會刺傷自己。露才一定要適時、適當。總是到處才華畢現只會招致嫉恨和打壓，導致做人及做事失敗，不是智者的所作所為。有志於成就大事業的人，可能自認為才幹很高，但切記要含而不露，該裝傻的時候一定要裝得徹底，有了這把保護傘，何愁事業不成功？

凡事留餘地

人生在世，要面對各式各樣的關係：朋友關係、鄰里關係、同事關係等。這些關係處理得好就會使人到處都很受歡迎，處理得不好就可能到處遭人記恨。如何處理好這些關係，的確是一門很大的學問。

曾國藩在處理這些關係時，奉行的一個原則就是：凡事給對方留有餘地，既不讓自己違反大原則，也不完全拒絕對方的要求。比如說，曾國藩常在家中勸父教弟，不要干預地方的事。可是，有時候，他的一些親朋好友難免會因一些萬難之事有求於他，其中不乏一些實有冤屈之事。若拒絕，於情於理都不忍心；若給予幫助，又恐落下干預地方公務或以勢凌人之嫌。這時，曾國藩只好對來求者做出「道似無情卻有情」的相助之舉，為別人留下充分的周旋餘地。下面關於「一把摺扇」的故事就能充分說明這一點。

同治年間，衡陽靠近雙峰大界的地區，有一個忠厚而倔強

的農民。他一生勤勞節儉，生活過得不錯，不料在一年清明節掃墓時，與人發生了糾紛。對方仗著有錢有勢，硬將自己家的祖墳遷到他家的祖墳上。官司由衡陽縣打到衡州府，總是對方占上風，老頭嚥不下這股怨氣，被逼得想上吊自盡。

有一天，有個老友提醒他：「你呀，真是沒有腦子。你不是有個乾兒子在金陵做兩江總督嗎？他一人之下，萬人之上，天下哪個不知其名。」那人伸出兩根指頭，嘴巴挨著他的耳朵說：「你只要讓他寫個二指寬的字條給衡州府，保證你官司打贏。」

「是啊！」老頭一拍胸脯，說：「好辦法，我怎麼沒有想到呢！」他受到啟發之後，湊足盤纏，背上包袱就直奔金陵。

兩江總督衙門，不是可以輕易進去的地方。

「你是做什麼的？」老頭還沒有跨過門檻，衙役就大聲喝問他。

「我找我乾兒子。」老頭壯著膽子回答。

「誰是你乾兒子？」

「寬一。」

衙役們沒有人知道曾國藩的乳名叫寬一，見這老頭土裡土氣，就說什麼也不讓他進去。

忽然，督署裡傳訊來，總督大人要出門。衙役們急忙把這個老頭拉開，不讓他擋住大門。可他哪裡肯聽，偏偏要站在門邊，想看一看是不是乾兒子出來。

沒多久，一頂轎子出了門。老頭一眼就窺見轎中坐的正是曾

第七章　權謀與生存：官場中的進退法則

國藩。「寬一！」他用家鄉口音喊了一聲，被曾國藩聽出來了，曾國藩連忙叫轎伕停住，下轎後又驚又喜地問：「這不是乾爹嗎？您老人家怎麼到了這裡？」便轉身，將乾爹迎進了自己的住宅。

頓時，督署後院的曾宅歡樂起來。曾國藩夫婦一面招待酒飯，一面問長問短。從乾爹的家境到大界白五堂、黃金堂新老住宅屋後的楠竹、杉樹生長情況等無所不問。當老頭說到正題，說明來意時，曾國藩打斷他的話說：「乾爹，我們先不談這個，您老人家難得到這裡來，先遊覽幾天再說吧！」他把一個同鄉衙役叫來，接著說：「乾兒公務在身，這幾天不能陪乾爹玩，就請他陪同你去玩，玄武湖啦、秦淮河啦、夫子廟啦，南京的名勝及熱鬧地方都去看看。」

老頭哪有心思遊覽，僅玩了三天，就按捺不住了。那天晚上，他對乾兒媳細說了來意，求她向寬一進言，下個二指寬的字條給衡州府。

歐陽夫人說：「急什麼呢？你乾兒子要你多玩幾天，你就玩幾天再說嘛！」

「我肺都氣炸了，官司打不贏，白白受人欺，哪有心思多玩呢？」

「不要擔心，除非他的官比你乾兒子大。」那老頭聽到這句話，心裡倒安穩了幾分。

又玩了三天。當曾國藩辦完一天的公事後，歐陽夫人對他說起乾爹特意來金陵的緣由。「你就幫他寫個字條到衡州府

吧！」

曾國藩聽後嘆了一口氣說：「這怎麼行呢？我不是多次寫信給澄弟叫他不要干預地方官的公事嗎？如今自己倒在幾千里外干預起來了，豈不是自己打自己的嘴巴？」

「乾爹是個守本分的人，你也不能看著老實人受欺負，得主持公道呀！」經歐陽夫人再三請求，曾國藩動心了。他在房間踱步、轉了幾圈，說：「好，讓我考慮考慮吧！」

第二天，正逢曾國藩接到諭旨升官職，金陵的文武官員都來賀喜了。曾國藩在督署設宴招待，老頭也被尊為上席。敬酒時，曾國藩先向大家介紹，首席是他湖南來的乾爹。文武官員聽了，一齊起身致敬，弄得老頭怪不好意思的。接著，曾國藩還把自己的乾爹推崇了一番，說他一生勤勞啦，為人忠厚啦，怎麼也不願意到金陵久住，執意要返回鄉里。說著，他從衙役手中接過一個用紅綾包著的小盒子，打開後拿出一把摺扇說：「我準備送乾爹一個小禮物，列位看得起的話，也請在扇上題名，做個永久紀念。」大家放下盅筷，接過一看，只見摺扇上已工工整整地落了款。上款是「如父大人侍右」，下款是「如男曾國藩敬獻」。大家一個個應曾大人之請，在扇上題起名來，有的還題了詩句。不到半個時辰，摺扇兩面都寫得滿滿的。曾國藩興高采烈地把摺扇收起，仍用紅綾包好，雙手奉送給了乾爹。這老頭也懂得禮數，起身向各位文武官員作揖致謝。

席終客散，老頭回到了房間，嘴裡連連嘀咕著什麼。歐陽

第七章　權謀與生存：官場中的進退法則

夫人出來一聽，只見他手捧著紅綾包叨唸著：「寬一呀寬一，一張二指寬的條子總不肯寫，卻要這麼費事，在這個玩物上寫的字再多，我也不得領情。」歐陽夫人忙從他手中接過紅綾包打開一看，忍不住大吃一驚：「乾爹呀，恭喜，恭喜！」老頭臉色陰沉，不耐煩地說：「喜從哪兒來？」

「乾兒子給您的這個，可是一個大寶呢！」

「一把摺扇算什麼大寶？幫我寫張二指寬的字條，才是『尚方寶劍』。」

「哎呀，乾爹。」歐陽夫人湊到老頭身邊細說，「這可比您要的那個字條更寶貴，拿回去後，不論打官司也好，辦別的什麼事也好，任他多大的官，見到此扇都會靈驗，千萬不要把它丟了，隨手帶著，還能逢凶化吉呢！」

一番話，說得老頭心裡熱呼呼的。「啊……」他似有所悟，會意地笑了。

回到家裡，老頭就又去衡州府告狀了。衡州知府升堂，衙門八字開著，老頭手執摺扇，大搖大擺地走了進去。在那個時代，普通百姓上堂打官司，手執扇子是藐視公堂，要受到懲治的。

「把扇子丟下！」衙役喝令。老頭裝作沒有聽見，一個衙役上前從他手中奪過扇子丟到地上。

「這個可丟不得，是我乾兒子送的。」

知府大怒，驚堂木一拍：「放肆！拿上來！」知府接過扇子

一看,「嗯……」他翻過來轉過去看了看後,又將視線移到老頭身上,仔細打量了一番。然後,他一聲令下:「退堂!」

據說,老頭從衡州府衙門後堂退出來後,知府用轎子把他接了回去,不僅將摺扇恭恭敬敬退還給他,還熱情地款待了他。他的墳山官司是輸是贏,也就可想而知了。

一把摺扇,醉翁之意不在酒,表面上是在顯示親情,實則相助,意在讓地方官給面子,又不使其沒有周旋的餘地。這把摺扇同時也給足了親人面子,並使曾國藩免於干涉地方公務之嫌。曾國藩謀事之深,慮事之遠,不可謂不厲害。凡事為對方留有餘地,這就是曾國藩為人處世常勝不敗的祕訣之一。

凡事留有餘地,也應成為今天我們為人處世的一項準則。因為世事每時每刻都在變化,同時我們每個人也都有考慮不周全的時候,凡事不留餘地的話,就有可能犯一些愚蠢的錯誤,到頭來吃虧的還是自己。凡事三思而後行,話不可說得太死,行不可做得太絕,這樣就會永遠穩操勝券,進退自如!

明哲保身

曾國藩一生盡忠報國,克己省身,器量過人,戰功赫赫。在長期的作戰生涯中,曾國藩發現並培養了大批人才,他們成為各個領域中的佼佼者。湘軍及後來的淮軍勢力不斷擴大,成為

第七章　權謀與生存：官場中的進退法則

掌握東南半壁江山的龐大集團，而曾國藩就是這個集團的精神領袖。

曾氏兄弟滿門封侯、大功告成之日，本該是靜思謙退、持盈保泰的時候，而這時，偏偏有些人頭腦發熱，讓欲望的火焰矇住了雙眼，總想再越雷池一步。當時風行一時的「勸進」浪潮，著實給曾國藩出了一道難題。

曾國藩攻破金陵，成功鎮壓太平天國後，某天晚上，湘軍的高階將領共三十餘人忽然雲集大廳，請見大帥。中軍向曾國藩報告，曾國藩問九帥（即曾國荃）有沒有來，中軍說沒有見到九帥，曾國藩傳令馬上召見曾國荃。曾國荃是攻破金陵的主將，這天剛好生病，可是主帥召喚，也只好抱病來見。曾國藩聽到曾國荃已到，才整裝步入大廳。曾國藩態度很嚴肅，見大家都拜倒在地上，就令大家起身就座，但一句話也不說，也不問眾將來意。眾將見主帥表情如此，也不敢出聲。如此相對片刻，曾國藩命隨員去拿紙筆，隨員拿來紙筆後，曾國藩就案揮筆寫了一副對聯，然後擲筆起身，一語不發，從容退入後室。

眾將不知所措，屏息良久，曾國荃走到書案前，見曾國藩寫了十四個大字，分上下聯兩行：「倚天照海花無數，流水高山心自知！」曾國荃讀此聯時，起初好像很激動，接著有點悽然，最後則是惶然。眾將圍在曾國荃身後，觀讀聯語，有點頭的，有搖頭的，有嘆氣的，有熱淚盈眶的，表情各式各樣，然後曾國荃用黯然的聲調對大家說：「大家不要再講什麼了，這件事今

後萬萬不可再提，有任何枝節，我曾九一人擔當好了。」

這是金陵城破後湘軍將領擁立曾國藩為帝的一幕，可是這種非常之舉是成則為王、敗則誅殺九族的危險舉動，所以誰也不敢說出口。曾國藩明知眾將來意，也不說破，只用十四字聯語作答，相互之間都不點破。

其實，早在安慶戰役後，曾國藩部將即有勸進之說。

安慶之戰勝利後，胡林翼特意趕到安慶，向曾國藩道賀，並對曾國藩說：「來安慶前一天，我接到左宗棠的信。信上說，他日前遊浮梁神鼎山，偶得一聯，特別寄來，要我看後交給你看看，請你替他改一改。」說著從袖口裡抽出一個信封來。曾國藩從信封裡取出一張折得很整齊的宣紙，宣紙上的聯語字跡鋒芒畢露，正是左宗棠的親筆。曾國藩輕聲念著：「神所依憑，將在德矣；鼎之輕重，似可問焉。」聯語字頭，恰好嵌著「神鼎」二字。曾國藩脫口稱讚：「好一副對仗工整的佳聯！」胡林翼微笑著不作聲。

「神所依憑，將在德矣；鼎之輕重，似可問焉。」曾國藩又抑揚頓挫地念了一遍。忽然，他的兩隻三角眼裡發出異樣的光彩，凝神盯著胡林翼，覺得胡林翼平和的微笑裡，似乎蘊藏著無限的機巧詭譎，連繫到剛才他所說的那些話，曾國藩對這副對聯的弦外之音已有所悟。

曾國藩立刻想起衡州出兵前夕，王闓運那番「鹿死誰手，尚未可料，明公豈有意乎」的話。說實在地，國亂民危，已有人

第七章　權謀與生存：官場中的進退法則

揭竿在先，況且帝位為滿人所據，怎能阻擋人們的逐鹿之想？湘勇建立之初，王闓運便有那番話，現在湘勇將士近十萬，威震天下，別人對自己有某些猜測也不奇怪。左宗棠雖說睥睨一切，可也不是莽撞粗心之人，他怎麼也會這樣試探我？

「潤芝，季高這副題神鼎山的對聯好是好，不過也有不當之處，我幫他改一改。」

曾國藩略一思索，便將下聯的「似」字用筆改為「未」字。胡林翼見到曾國藩的修改，說：「一似一未，我何詞費！」曾國藩改了左宗棠下聯的一個字，其含意就完全變了，成了「鼎之輕重，未可問焉」！所以胡林翼才有「我何詞費」的感慨，一問一答，一取一拒。

面對著眾多親信部將和故交好友的「勸進」，深知其中利害的曾國藩均不為所動，他始終強忍著自己的「功名」之心，堅持自己扶清自保的既定策略。

在曾國藩攻破金陵城時，咸豐皇帝就慨嘆說：「去了半個洪秀全，來了一個曾國藩！」當時，洪秀全的太平天國，已經開始走下坡路，而曾國藩的聲威，則是如日中天。

清軍江南大營被再度摧毀之後，清朝綠營武裝軍隊基本垮臺，黃河以南再沒有什麼軍事勢力足以與太平軍抗衡，因而不得不任命曾國藩為兩江總督，依靠他鎮壓太平天國。慈禧上臺之後，又採取更加靈活的政策，讓他督辦四省軍務，身負昔日五位欽差大臣的職權，其目的不過是為了促進他的積極性，事

明哲保身

權歸一，易於成功。

但是，自從進軍雨花臺以來，曾國藩兄弟迅速擴軍，使曾國荃所屬由兩萬餘人增至五萬人，曾國藩指揮的部隊由幾萬人擴充為十二萬人，除了贛、皖釐金和數省協餉外，增闢粵釐金和湖南東征釐金，這就使朝廷不能不漸生疑懼，感到這對它是一種潛在威脅。湘軍攻陷九袱洲，尤其相繼收復蘇、杭各城後，朝廷的這種感覺與日俱增，隱隱感到自己的最大威脅已不再是即將滅亡的太平天國，而是手握重兵、廣攬利權的曾國藩。

從這時起，清廷對曾國藩的態度就開始變得冷淡。其第一個表現，就是在曾國藩與沈葆楨爭餉時，有意偏袒沈葆楨，抑制曾國藩。最後雖然以輪船退款解決了曾國藩的缺餉問題，但從此曾、沈不和，使朝廷基本上達到了分而治之的目的。與此同時，各省督撫也不像前幾年那樣熱情支持他了，江西爭釐，他省協餉停解，就是明證。

曾國藩具有豐富的政治經驗和歷史知識，熟悉歷代故事，懂得歷朝歷代凡是功高震主的權臣，大多會受到朝廷的猜疑。他心裡很明白，如何處理與朝廷的關係，已成為能否保持其權力和地位的關鍵，而正確理解並擺脫自己目前的這種政治處境，則是他所面臨的迫切問題。在這種情況下，曾國藩想到了裁軍。

在裁軍方面，曾國藩的計謀手法，自是高人一等。他在戰事尚未結束之時，即計劃裁撤湘軍。他在兩江總督任內，便已拚命籌錢，兩年之間，已籌到五百萬兩。錢籌好了，辦法擬好

第七章　權謀與生存：官場中的進退法則

了，戰事一結束，他便立即宣告裁兵。不要朝廷一分錢，裁兵經費早已籌好了。

裁兵經費籌妥了，裁兵辦法擬好了，只等勝利的到來。同治三年（西元1864年）六月十六日攻下金陵，取得勝利，七月初旬開始裁兵，一月之間，首先裁去兩萬五千人，隨後也略有裁遣。人人都說招兵容易裁兵難，在曾國藩看來，因為事事有計畫、有準備，也就變成招兵容易裁兵更容易了。

實際上曾國藩並未大裁特裁，朝廷如果逼得太急，曾國藩的手下有的是兵，要破釜沉舟，大家一起破釜沉舟，要曾國藩做年羹堯，他是不肯的。但是，軍可裁，官不可不做，曾國藩在領兵作戰時，一再請求回家為父母服喪終制，而戰事終了後，何以從不提及此事，這點仍和他的憂慮有關。

曾國藩在平定太平天國之亂後，皇帝封他為一等毅勇侯，世襲罔替。他是實際上的湘軍領袖，凡是湘軍出身的將領，無論是執掌兵權抑或出征疆場，都視他為精神上、思想上的領導者，而湘軍在裁遣之後，被裁者多至數萬，功名路斷，難免有很多人感到憤懣不平。

曾國藩如果在此時請求解官回籍終老，皇帝當然不會不接受他的要求。然而，如果他在回到鄉間之後，以一個在籍鄉紳的身分，忽然被一群圖謀不軌之人所挾制，並奉之為領袖人物，即使曾國藩知所自處，但對清廷來說，也仍然不是保全功臣之道。如果朝廷懷有過人的恐懼，以為曾國藩之所以辭去官職，

正表示他有不願繼續為朝廷效力的意願,那就更容易產生不必要的猜忌了。

所以,曾國藩在此時一方面主動解除兵權,一方面留在兩江總督任上繼續為朝廷效力,絕不輕言離去,無疑是使朝廷感到絕對放心的最好辦法。試看他在兩江總督任內因奉旨剿捻而不以勞苦為辭,逢軍事失利,立即趁機推薦李鴻章取代自己。無非也是遠權勢而避嫌疑的做法,不過在表面上不太顯露痕跡而已。至此,我們自然要相信曾國藩的功成不居與遠嫌避位,正是他的一貫作風。

曾國藩說:「處大位大權而兼享大名,自古曾有幾人善其末路者?」這確實是帝王專制時代的殘酷現實。所以曾國藩大刀闊斧地裁撤湘軍的同時,仍然要繼續做高官,這也是消除清廷疑忌的手段。

以迂為直

心急吃不了熱豆腐。經驗老到的人都知道,一個人做任何事,都不能心急,在條件還沒有完全具備或者不太成熟的時候,絕不能勉強行動,因為「欲速則不達」,你越心急就越有可能把事情搞砸。唯有先忍住自己急於建功立業之心,腳踏實地,一步一腳印地穩步向既定的目標邁進,才是最穩妥和快速的致勝之道。

第七章　權謀與生存：官場中的進退法則

曾國藩儘管心裡時刻懷著組建「曾家軍」的宏大目標，可他每次向朝廷有所請求時，為了不引起朝廷對自己的猜忌，一般都盡量避免正面提出自己的要求，而是以迂為直，從而達到自己的目的。如此一來，既得到了自己所要求的東西，又保住了自己的體面。

「以迂為直」，語出《孫子兵法·軍爭篇》。迂，迂遠，曲折。直，近便，直路。此句意思是把迂迴的遠路看成直路、近路。陳皞在為《孫子》作註時說：「苟不知以迂為直，以患為利者，即不能與敵爭也。」可見，「以迂為直」在競爭對抗中的重要性。

「以迂為直」涵蓋的範圍非常豐富。無論是兩軍相爭的戰場，還是相互爭利的商場，迂和直既有空間的含義，也有時間的含義，更有謀略的意義。就空間而言，與對手相爭，直取「敵」已有所準備，雖空間距離近，但難以達成目的，故雖近猶遠。而迂迴至無戒備之處進行爭奪，雖空間距離遠，但容易達成目的，故雖遠猶近。所以，英國著名的軍事理論家李德哈特（B. H. Liddell Hart）在他所著的《戰略論》（Strategy）一書中指出：在戰略上，最漫長的迂迴道路，常常是達成目的的最短途徑。就時間而言，直接奪取距離近，所需要的時間短；間接奪取距離遠，所需的時間就長。然而，直接與迂迴一旦與對手的有備無備連繫起來，時間的長短就會向各自相反的方面轉化。

咸豐六年（西元1856年）二、三月間，曾國藩因將羅澤南

和楊載福等主力部隊派往武昌,而使自己陷入困境。太平軍乘湘軍兵力空虛處於防守之機,先後控制了江西省所設十三府中的八府五十多個州縣。當時,南昌附近各府縣已多被太平軍占領,太平軍對南昌形成包圍之勢。曾國藩困守在南昌和南康兩府的狹小地區,入省門戶洞開,水路半日即可至南昌。

經歷了樟樹鎮之敗後,湘軍士氣低落,糧餉耗盡,文報不通,聯繫中斷,就連家書都得幕人用蠟丸藏著偷渡關卡,而且還往往被太平軍所截獲,被殺者達百人以上。後來,王闓運撰寫《湘軍志》而閱讀當時的資料時,對曾國藩所處的窘困境況深表同情。他在當天的日記中寫道:「夜覽滌公奏,其在江西時,實悲苦,令人泣下。然其苦乃自尋得,於國事無濟,且與渠亦無濟,反有損,要不能不敬嘆,宜其前夜見夢也。世有精誠,定無間於幽明,感憎久之。彼有此一念,絕不入地獄。且吾嘗怪其相法當刑死,而竟侯相,亦以此心耿耿。可對君父也。余竟不能有此愚誠。『聞春風之怒號,則寸心欲碎;見賊船之上駛,則繞屋徬徨』〈出師表〉無此沉痛。」

由此可見,曾國藩當時的處境之艱難。曾國藩深切地感到:「道途夢梗,呼救無從,中宵念此。魂夢屢驚。」特別是樟樹鎮大敗後,在內唯李元度所率平江勇一軍,在外唯羅澤南、劉長佑兩軍。而李元度一軍已被拖在撫川戰場。可以說,在江西戰場上,湘軍已完全失去了反擊能力。儘管曾國藩急如星火地向四方求援,可仍然無法挽回頹勢。

第七章　權謀與生存：官場中的進退法則

另外，因李元度帶兵雖久卻始終難以擺脫書生習氣，對部下一味姑息縱容，放任自流，所以平江勇紀律極差，無法指望。在這種情況下，曾國藩把扭轉江西局勢的希望寄託在羅澤南的回援上。

當時，羅澤南正在緊張地進攻武昌，接到曾國藩的求援文書後，不禁為難起來，不援江西，實感有負於曾國藩，援江西，武昌則功敗垂成。他決定不顧一切，全力攻城，待攻下武昌後再回援江西，結果在攻城中被太平軍擊中頭部，隨後死去。胡林翼遵其遺囑，令李續賓代領所轄湘軍部隊。恰在此時，曾國華來見胡林翼。他是聽到曾國藩兵敗被困的消息，奉父親曾麟書之命前來替曾國藩求援的。胡林翼分出劉騰鴻、普承堯、吳坤修等四千人，交曾國華帶往江西救急，留下李續賓等主力部隊繼續進攻武昌。

咸豐六年（西元1856年）七月，曾國華由咸寧、蒲圻、崇陽、義寧一路來到瑞州城外，猛攻瑞州。在此前後，湖南派出的援軍也陸續開進江西。咸豐六年（西元1856年）十一月初一，劉長佑、蕭啟江率兵五千攻占袁州，然後兵分兩路向臨江方向發動進攻。另一支援軍六、七千人，由曾國荃與周鳳山統領，於十一月十三日攻占安福，並分兩路向吉安進攻。咸豐七年（西元1857年）初，王鑫率三千餘人進入江西，四月初進抵臨江城外助攻，之後轉戰於江西各地，成為一支游擊作戰的機動之師。這一時期，曾國藩往來於南昌、瑞州之間，軍事形勢大為好轉。

但是，軍事形勢的好轉並沒有完全解除曾國藩的苦惱。因為早在曾國藩攻克武昌後，咸豐皇帝剛剛發上諭令曾國藩署理湖北巡撫，大學士祁寯藻便悄悄向咸豐皇帝進言說，曾國藩現在僅僅是一個在籍侍郎，不過一布衣而已。布衣登臺竟然一呼百應，可不是什麼好事。

咸豐皇帝馬上醒悟過來：曾國藩是一個有著相當號召力和組織力的人，他此時可以招募數萬湘勇，幫助朝廷打太平軍；打敗太平軍後，他也可以將矛頭指向朝廷，進而黃袍加身也不是不可能的，便馬上撤銷了令曾國藩署理湖北巡撫的上諭。剛剛署理了七天的湖北巡撫便丟掉，這使曾國藩深深感到朝廷對自己的不信任。當時，還沒有從湖口慘敗的陰影中走出來的曾國藩，正處於悲憤欲絕的時候，朝中忽然傳出有大臣攻擊他，這就使得他更加傷心。

東漢時有個名叫楊震的著名學者，後來官至太尉，因得罪朝中權貴最後仍不免遭受排擠，被迫在洛陽城西夕陽亭自殺身死。曾國藩感到自己將來也許會落到這般下場，故與自己的好友劉蓉談及「夕陽亭事，飽嘆久之」。劉蓉只好拿一些當今「皇上聖明」，不同於東漢之類的空話來寬慰他。

咸豐六年（西元1856年）十一月，湖北巡撫胡林翼在李續賓和楊載福所領湘軍的全力配合下，一舉攻克武昌，曾國藩特別希望朝廷能夠將李續賓、楊載福所率領的湘軍歸還自己調遣，可他又擔心加重朝廷的猜忌。於是，精通忍道的曾國藩以

第七章　權謀與生存：官場中的進退法則

迂為直，非常巧妙地達到了目的，又沒有引起朝廷的猜忌。

咸豐六年（西元1856年）十二月，曾國藩在九江勞師後所上的〈附陳近日軍情請催各省協餉片〉奏摺，堪稱是完全展現曾國藩忍道的代表作。奏摺中的第一點，他反覆強調了李續賓、楊載福所統率的湘軍水陸師，本來就是他的部隊，是因急人之急，增援湖北而暫時借調給胡林翼的。現在不但湖北省城武昌已經收復，湖北的蘄州、黃州等沿江城市也已攻克復興。言外之意，是要求朝廷將李、楊統率的湘軍水陸師撥還給曾國藩指揮調遣。奏摺中的第二點，旨在表揚他自己的舊部李續賓、楊載福所率領之水陸師的赫赫戰功，為湘軍塗脂抹粉，為自己貼金。奏摺中的第三點，強調李、楊所率水陸師力量強大，藉此抬高自己的地位。奏摺中最關鍵的是第四點，他不說自己是李續賓、楊載福所率水陸師的統帥，但在奏摺中卻為李、楊所率湘軍請餉、催餉，無異於以李、楊統帥自居。

當然，曾國藩的請求也自有其道理。自從咸豐五年（西元1855年）秋，曾國藩派遣羅澤南從江西分軍前往武昌外圍增援胡林翼後，不久，翼王石達開揮兵江西，開闢江西根據地，使曾國藩所率領的湘軍一再受到沉重打擊。他承受了巨大的壓力，歷經艱險，以至退守南昌，日坐危城，朝夕盼望駱秉章、胡林翼派兵前來，以緩解江西之急，尤其希望胡林翼能指揮湘軍、楚軍，及早攻占武昌，然後水陸東下，與自己會師於潯陽江上。現在，胡林翼終於收復武昌，而且攻占武昌的主力是湘軍水陸

師,其中李續賓統率的湘軍陸師,是胡林翼奏請徵調過去的;楊載福統率的水師,是曾國藩派去武昌外圍增援胡林翼的。所以,曾國藩認為:朝廷應該將楊、李所率湘軍水陸師調還給自己。

胡林翼是個聰明人,知道曾國藩的意思後,有意命李續賓、楊載福統率的湘軍水陸師東下,自己卻不隨軍指揮。胡林翼把這個球踢過來,曾國藩自然是心領神會,立刻把球接了過來。他興沖沖地從吳城鎮趕到九江勞師,會晤李續賓、楊載福。他們對曾國藩的尊重不減當年,這對曾國藩來說是最大的安慰,因為這象徵著湘軍中以他為核心的強大凝聚力並未削弱。

曾國藩說,這次九江勞師,目睹湘軍水陸師軍容甚盛,兵力強大,感到不勝欣慰。當然,他真正感到寬慰的是胡林翼在湖北長期發展、擴編湘軍水陸師,能夠始終堅持沿用湘軍營制,提拔重用的是曾國藩所「心許」的人物。

綜觀曾國藩奏摺中的四條,沒有一處明確表示他要求朝廷歸還李、楊部隊等主張,而是以迂為直,隱忍待機,含而不露地向他的上司──皇帝表達了自己的願望和要求。這也是其忍道中忍事策略的巧妙運用。此後不久,朝廷果然准奏,楊、李部隊仍舊歸曾國藩指揮。

第七章　權謀與生存：官場中的進退法則

第八章

駕馭人心：領袖的用人之術

第八章　駕馭人心：領袖的用人之術

重金求才

「沒有梧桐樹，引不來金鳳凰。」一個集團要想有長遠的發展，就必須廣泛種植梧桐樹，這樣金鳳凰們才有更多的棲息地，才能引來更多的金鳳凰。

司馬遷曾經說：「天下熙熙，皆為利來；天下攘攘，皆為利往。」現實中的人，除了精神上和情感上的需求之外，還有利益上的需求。曾國藩在以情感動人的同時，也沒有忘記以現實的利益驅動，來激發部下的積極性。曾國藩自己對於錢財看得很輕，並且要求將領們也不要汲汲於名利，認為汲汲於名利者是做不成大事的，但他也知道凡是勇於做事的人，都是因為心中有深厚欲望，因而以利益為驅動是絕對不能少的。他的〈水師得勝歌〉最後兩句總結性的話，就是「仔細聽我得勝歌，升官發財笑呵呵」。他在給弟弟的信中說：「凡是出來帶兵的人，都不可避免地會稍肥私囊，要想讓他們做到一點錢也不拿，是不可能的。」

人生無法不言名利二字，軍隊打仗會造成受傷死亡，因而更無法沒有利益的驅動，用中國古代的兵書《三略》的話說：「軍無財，士不來；軍無賞，士不往。」所以，高談忠義的湘軍將帥，在實際的執行中其實並不忌諱談名談利。咸豐八年（西元 1858 年），曾國藩丁憂再出的時候，李續宜就勸他說：「如果你想請名將出來為你所用，你非得花費十萬兩白銀才行，出來

之後，又必須每月花費一萬兩才足以供他使用。」因此，李續宜建議他不要怕花錢，而是要「輕視銀錢」，以重金求人才。咸豐十年（西元 1860 年），左宗棠首次出來帶兵，胡林翼也寫信教他「軍營中的辦公費用一定要多定一些」，因為「聚集人才依靠的是錢財」，特別是「用兵打仗更是不能在乎錢」，要他「不要學那鄉下裡的老教師，得到一筆學生交的學費，就覺得一生都吃不完了」。曾國藩也曾經向皇帝奏報說，湘軍以當兵為名利兩全的事情。所以曾國藩幫將領們定的薪水都很高。按照湘軍餉章的規定，營官每月為白銀二百兩，分統、統領帶兵三千人以上的每月為三百九十兩，五千人以上的五百二十兩，萬人以上的六百五十兩。《湘軍志》說：「帶五百人的每年收入白銀三千，帶一萬人每年收入六萬，這還是廉潔的將領。」所以湘軍將領人人都很有錢，有十萬家產的大概有一百多人。彭玉麟號稱最廉潔的將領，但他自己說，打完仗後，除了已經報帳的餉項及陣亡卹賞、養傷等銀外，剩餘可以歸入私囊的白銀近六十萬兩。加上包攬貨運和打完仗以後的公開劫掠，湘軍將領都發了大財。郭松林號稱四百萬。席寶田分給十個兒子每人二十四萬，加上公產及捐助，財產將近三百萬。

人生除了有利益的需求之外，還有被別人承認的欲望，這就是所謂的「名」。所以，除了以豐厚的報酬來吸引將領之外，曾國藩還非常重視對將領的保舉。咸豐四年（西元 1854 年），湘軍攻克了武昌，這是清軍從太平軍手中所攻克的第一座省城，

第八章　駕馭人心：領袖的用人之術

朝廷上下都十分振奮。曾國藩把握住這個機遇，適時地上疏要求對湘軍官兵大加獎勵：李孟群由廣西升用道請加按察使銜；羅澤南由候選知府請記名為道員；李續賓由候選知縣請以直隸州選用；楊載福由升用游擊請以參將補用，並加副將銜。其他開單請獎人員，達一百多人。咸豐皇帝高興之中，全部批准了曾國藩的請求，羅澤南、楊載福、李續賓這些人逐漸嶄露頭角。這對於鼓舞湘軍的士氣，發揮了很大的作用。

曾國藩是一個非常善於推功於部下的人，像安慶之戰，他將功勞歸於胡林翼，說：「楚軍圍攻安慶⋯⋯其謀始於胡林翼一人。劃圖決策，商之官文與臣，並遍告各統領。前後布置規模，謀剿援賊，皆胡林翼所定。」打下太平天國首都天京以後，他又將功勞歸於將領們，在保單中開列有功人員一千多名，參戰部隊的統領、分統、營官等幾乎一個不落。左宗棠、李鴻章這些人的升遷，更是與他的保舉有直接的關係。據統計，做過曾國藩幕僚的有四百餘人，其中絕大多數都得到過他的保舉。在他的保舉下，他的幕僚，即使不是實缺的官員，也為候補、候選、記名之類，其中有二十六人成為督撫一級的大員，五十人成為三品以上的大員，至於道、府、州、縣的官員就數不勝數了。因此只要進入曾國藩的幕府，就可以說是有了升遷的機會，這樣人們自然就樂於為他所用。所以後來曾國藩說過這樣一句話：凡是遇到利益的問題，要注意分配；凡是遇到名聲的問題，要注意分享，這樣才能成大事。

曾國藩的利益引導，確實是很成功的。從中我們也可以得到這樣的啟示：管理者一定要注意合理的利益分配和利益引導，這是決定人才能否為你所用的關鍵，這一點做不好，就根本談不上用人。

不過，曾國藩認為利益引導也有二重性。湘軍將領所獲得的利益，一部分來自自己應得的薪水，一部分是公費、剋扣的軍餉，甚至是在戰爭中掠奪而來的，曾國藩對於後者實際上是默許的。這就使得湘軍很快就失去了戰鬥力。因為等到將領們各個都發了大財，也就沒有人再肯賣命了。所以後來一打完太平天國的首都天京，湘軍就再也不能用了。從這個方面來說，利益的引導是一把雙面刃，用人者在運用的時候，不可不用，但也不可不慎。

對於利益引導方面的失誤，曾國藩是有察覺的。他說：「近年來我對待將領過於寬厚，又與諸將相距遙遠，因而一遇到危險，就暴露出很多問題，經歷了這些我才明白了古人所說的『多一點約束，少一點放縱，人數雖然少，但也能成功』，違背了這一條，就肯定會失敗。」

這應該是經驗之談。不過，這並不表示對人才就應該很苛刻。曾國藩認為，如果說利益引導是寬，嚴格約束是嚴，那麼用人之道，就應該寬嚴結合。湘軍中有這樣一些將領，很能打仗，但又很會惹是生非。曾國藩曾經以如何處理與這種人的關係為例，講述寬嚴結合的道理。

第八章　駕馭人心：領袖的用人之術

他說：「對待這種人，在兩方面應該寬，在兩方面應該嚴。應該寬的：一是花錢要慷慨大方，絕不計較，當手中錢財較多的時候，則數十百萬亦擲如糞土，當手中錢財吃緊的時候，則將好處讓給他，哪怕自己過得很苦；二是不要與他爭功，遇有勝仗，將全部的功勞歸於他，遇有升官的機會，將保舉的機會給他。應該嚴的：一是對他的禮節要疏遠，跟他的往來要少一些，寫給他的信要簡單，話不可多，情不可密；二是要剖明是非，凡他和他的部下做得不對，就要堅決進行懲治。整體來說，在名和利問題上要寬，在是與非問題上要嚴。四者兼備，手下又有強兵，那麼就沒有無法相處的人了。」

曾國藩這一手確實是很高明。名利問題上要寬，是非問題上要嚴，這樣一來，就使人既知道向上，又知道忌諱了。用我們常說的話，就是要恩威並用。恩威並用，才能剛柔相濟，保持策略的彈性。所以曾國藩的這種用人之道，對於我們今天的用人策略，還是很有啟發意義的。

寬嚴相濟，制人先攻心

按照中庸思想的觀點來說，任何單一方法，都只能解決與之相關的特定問題，而且有不可避免的副作用。對待下屬也是一樣，對人太寬厚了，便無法約束，結果下屬無法無天；對人太嚴格了，則萬馬齊瘖，毫無生氣。凡事有利必有弊，不能兩

全，所以用人要寬嚴相濟。

　　淮軍將領劉銘傳生長於民風強悍的淮北平原，自小養成了一種天不怕地不怕的豪霸之氣。在他十八歲時，一個土豪到他家勒索，其父親與哥哥皆跪地求饒，只有劉銘傳一點也不怕。土豪欺他年少，汙辱了他，不料他大步上前去，搶過刀來割下了土豪的腦袋，之後便建立起一支隊伍，成了鄉里有名的流氓首領。李鴻章奉曾國藩之命回原籍招募淮軍時，第一個就看中了他。因此，李鴻章招募他的隊伍加入淮勇，稱為「銘軍」，並花了不少銀兩，從洋人手中購買了槍支彈藥，將「銘軍」裝備成為一支近代武裝。這支隊伍為李鴻章建立功業出了不少力，但對於劉銘傳的狂妄，李鴻章也著實頭痛。因此，當曾國藩借用淮軍剿捻時，李鴻章就把「銘軍」撥給了老師，希望曾國藩能夠薰陶、管教一下劉銘傳。

　　在「剿捻」過程中，劉銘傳軍與陳國瑞軍發生了兩次械鬥。如何處理這個事端，可真讓曾國藩犯了難。如果不處理，雙方都不能平心靜氣，今後還會內訌；要是處理了，劉銘傳是李鴻章的屬下，且謀勇兼備，又有西式槍枝及火炮，自己還要用他。於是，曾國藩想了個萬全之策，就是對劉銘傳進行嚴厲斥責，只在嘴上狠狠地訓斥，但對其過失卻不予追究，使他心生畏懼。這一招果然管用，不久，曾國藩就調銘軍獨自赴皖北去剿捻了。

　　對於老師的辦法，李鴻章心領神會，所以他照方抓藥，在剿捻成功後，他向清廷力保舉劉銘傳的功績，使劉銘傳被委任

第八章　駕馭人心：領袖的用人之術

為臺灣道員。正是這個桀驁不馴的人,在中法戰爭中帶領臺灣軍民奮起抵抗法軍的進攻,使法軍始終未能攻下淡水,使法軍占領臺灣的想法破滅。光緒十一年(西元1885年),朝廷正式將臺灣撤道改建成省,劉銘傳被任命為臺灣省第一任巡撫,在島內興建鐵路,開發礦山,興辦工廠,為臺灣的開發建設做出了顯著貢獻。

一般而言,悍將多粗魯、莽撞,因此想要運用悍將確實不是件容易的事情,但是,悍將的優點是勇敢、不惜力,衝鋒陷陣的時候,還真少不了他。所以,悍將就像烈馬,若想運用他,要先收服他。

與劉銘傳發生械鬥的陳國瑞原是蒙古王爺僧格林沁的手下大將。他從未讀過書,一開口全是髒話,更不知道什麼德不德,只要是想做的事,即使天塌下來也要完成。陳國瑞十幾歲時,在家鄉湖北應城加入太平軍,後來又投降清軍,幾經輾轉後成為僧格林沁部下。據說,他異常驍勇,打仗時,砲彈擊碎了他手中的酒杯,他不但不避,反而抓起椅子,端坐在營房外,高叫「向我開炮」,使手下都很敬畏他。

如果說到粗魯莽撞,僧王比他有過之而無不及。傳說,僧王是個暴虐、狂躁、喜怒無常之人,聽手下彙報戰況也要到處走動,讚賞時不是割一人塊肉塞進對方嘴裡,就是端一大碗酒強迫別人喝下去;發怒時則用鞭子抽打或衝過去擰臉、扯辮子,使得很多人都難以接受。只有陳國瑞不怕僧王,他是打從心裡

寬嚴相濟，制人先攻心

佩服僧格林沁。

僧王死後，曾國藩接替「剿捻」事宜，與陳國瑞打起交道。曾國藩在剿捻之初，認為陳國瑞率僧軍殘部駐紮濟寧，力量過於薄弱，遂把淮軍的劉銘傳部隊也派到濟寧，駐紮在濟寧城北的長溝集。陳國瑞向來不把湘、淮兩軍放在眼裡，此次見劉銘傳駐紮長溝集，十分憎惡，又見劉銘傳部配備著先進的西式槍枝，早已羨慕不已，遂產生了搶奪的念頭。於是，陳國瑞趁天黑突然率兵越過長溝集，見人就殺，見槍就奪，連殺數十人。劉銘傳聞訊後大為惱怒，立即發兵將陳國瑞團團圍住，把陳國瑞的親兵全部打死，並將陳國瑞囚禁起來，連餓三天，直到陳國瑞告饒為止。然而，陳國瑞回去後，來了個惡人先告狀，向曾國藩控告劉銘傳。當然，劉銘傳也不甘示弱。於是，兩個人便在曾國藩面前打起了官司。

曾國藩知道只有讓陳國瑞真心服自己，才能讓他在今後聽命於己。於是，曾國藩拿定主意，先以凜然不可侵犯的正氣挫挫陳國瑞的囂張氣焰，繼而歷數他的劣跡暴行，使他明白自己的過錯。當他灰心喪氣時，曾國藩話鋒一轉，又表揚了他的勇敢、不好色、不貪財等優點，告訴他他是個前途大好的將才，切不可因莽撞而自毀前程，使陳國瑞又振奮起來。接著，曾國藩坐到他面前，像與兒子談話那樣諄諄教導他，告訴他不要擾民、不要私鬥，說得陳國瑞心服口服。但是，陳國瑞莽性難改，好了沒幾天老毛病又犯了。看到軟的方法成效不彰，曾國藩馬

第八章 駕馭人心：領袖的用人之術

上請了聖旨，撤去陳國瑞幫辦軍務之職，剝去黃馬褂，責令戴罪立功，以觀後效；並且，告訴他若再不聽令就要將他撤職查辦，發配到軍臺效力了。陳國瑞一想到那無酒無肉、無權無勢的生活，立即表示以後一定聽曾國藩的話，再也不敢不服從命令。陳國瑞這名悍將終於在曾國藩軟硬兼施的兩種手段下屈服了。

透過對劉銘傳、陳國瑞的馴服，可見曾國藩駕馭悍將，寬嚴相濟、制人攻心之術。如此這般，不但能夠駕馭悍將，就算對其他人才也可以使人盡其才。後來，曾國藩自己總結說：「應寬者，利也，名也。應嚴者，禮也，義也。四者兼全，而手下又有強兵，則無不可相處之悍將矣。」

替你著想的人要重用

用人的學問有一點是：能否發現和重用為你「著想」的人。在曾國藩看來，一個人事業的成功，一要靠你幫助他人解決困難，滿足他人的一些願望；二要靠他人幫助你排憂解難，把握住進退顯隱、決斷之處的大好時機。曾國藩為母親回籍奔喪的這段時間裡，其進退為難之際，就全靠了眾多好友的鼎力相助。因此他更懂得發現和重用為自己著想的人。

咸豐二年（西元 1852 年）六月，曾國藩被授為江西省鄉試正考官，之後在請假回家的途中，忽然接到母親江氏去世的消

息，急忙改服奔喪。就是這次回籍，他開始了鎮壓太平天國的軍事生涯，由功績不顯的文吏成為清朝的「中興名臣」。

曾國藩回到湖南後，滿耳聽到的都是太平軍不斷北上，清軍抵擋不住的消息，形勢對朝廷越來越不利。不久太平軍攻克岳州，隨後又攻占漢陽、武昌。太平軍所到之處，清軍不是一觸即潰，就是聞風而逃，朝廷派往前線的統帥非死即逃，再無人能率軍抗敵了。

咸豐二年（西元 1852 年）十一月，曾國藩接到幫辦湖南團練的命令，當時他熱孝在身，雖接命令，並無立即出山之意。但是形勢的發展，卻越來越令曾國藩感到決斷去從之難，大有騎虎難下之勢。

此時，太平軍在湖南的節節勝利，激起湖南地方官吏、地主、士人保護鄉邦的熱情，同時又有幾股力量衝擊著曾國藩。

一是曾國藩多年的湖南籍朋友都主張請他出山創辦武裝集團，鎮壓太平軍。如曾國藩向皇帝推薦的人才之一江忠源，早在道光末年，湖南農民反抗運動興起時，就主動辦團練，與起義勢力對抗。太平軍起義，賽尚阿為統帥時，咸豐皇帝下旨命江忠源從軍，江忠源令其弟江忠浚募鄉勇五百人前來，號楚勇。此後，他持續與太平軍作戰，參與了桂林、永安、全州、道州、桂陽、郴州、長沙諸戰役，屢立戰功，他所率楚勇作戰較綠營軍勇猛十倍，是地方練勇參加正規戰役的先驅和表率。聽說曾國藩回籍辦團練，他多次來信，堅定支持。

第八章　駕馭人心：領袖的用人之術

　　羅澤南亦是曾國藩向皇帝推薦的人物,直到曾國藩這次回家奔喪,兩人才得以再次見面。此時羅澤南藉著舉人身分和鄉村教師的地位,培植忠於清廷、仇恨農民起義的勢力,其弟子中如李續賓、李續宜、蔣益灃、劉騰鴻、楊昌濬等,都是後來的湘軍主將。曾國藩回原籍後,羅澤南正興辦團練,感念曾國藩對他的知遇之恩,極力勸說曾國藩出山率領地方團練。

　　雲南巡撫張亮基授命調任湖南巡撫,趕赴長沙對抗太平軍時,左宗棠正投在張亮基的軍中做幕僚。左宗棠向張亮基推薦了曾國藩,請曾國藩出山協助鎮壓太平軍。張亮基一邊上奏懇請皇帝下旨令曾國藩出山,一邊寫信給曾國藩,請求他出來相助。

　　當時,曾國藩母親的靈柩尚未安葬,如此時出山,有違丁憂離職守制大禮。曾國藩滿口孝道,如若違制,怕被別人恥笑;再則曾國藩只是一介書生,全然不懂兵法,而如今投身戰場,須有打仗的真本事,否則肯定會有巨大磨難,如果處理不善,甚至連性命都保不住。此外,曾國藩深知官場腐敗,要辦一事,處處荊棘,率兵打仗,要人、要槍、要餉,必然會與上下各級官員發生糾葛,處理起來一定困難重重。想到這裡,他一邊寫信拒絕了張亮基的邀請,一邊具摺,讓張亮基代發,辭謝皇帝的命令,請求在籍守制三年。

　　恰在此時,傳來太平軍攻克武漢,又反攻湖南的消息。郭嵩燾連夜趕至曾家,勸說曾國藩出山。

郭嵩燾與曾國藩，雖然幾年不見，但書信從未斷過。他與曾國藩一樣是翰林出身，也因丁母憂回籍守制。太平軍攻湖南，他主動至張亮基處出謀劃策，也主動到曾國藩家遊說其出山。郭嵩燾來到曾家，在曾國藩兄弟的陪同下，祭奠了曾母，之後當著曾氏兄弟的面剖析陳述了利害，敦請曾國藩出山。

郭嵩燾告訴曾氏兄弟，自唐鑑推舉曾國藩之後，皇帝又徵詢了內閣學士肅順及恭親王的意見。二人都竭力保舉，說曾國藩是如林則徐、陶澍一般的報國忠臣，如今洪、楊造反，非得由這樣的人物出山不可。曾國藩在朝中與恭親王、肅順都有接觸，認為二人各有長處，都是皇族中的頂尖人物。現在，有恭親王、肅順在朝中支持，不怕地方的事辦不好。

郭嵩燾又為他分析：「『長毛』絕不能成功，他們最大的錯處就在於他們崇拜天帝，迷信《新約》，與中國數千年的儒教為敵，所到之處毀學宮、砸孔廟、殺儒士，文人學士沒有不咬牙切齒痛恨他們的。就連鄉村愚民、走卒販夫也不容許他們焚毀廟宇。我們以衛道爭民心，即是應天命、順人心，滅洪楊而振國威，又可一展宏圖，這正是上天賜給我們的大好時機，千萬不可錯過。」郭嵩燾又向曾國藩述說了湖南巡撫張亮基的殷切期盼及左宗棠大才可用等情況。

郭嵩燾的一席話打消了曾國藩的重重顧慮，決定應命出山。但他還是顧忌自己在守制時出山，恐被人譏笑。郭嵩燾說，現在國家正在用人之際，皇帝下令讓回原籍的官員就地興辦團練，

第八章　駕馭人心：領袖的用人之術

已有許多人在居喪時期出山辦團練。如果仍認為有所不便，可由郭嵩燾出面請曾父出來催促，便能上應皇命，下應父命，名正言順。曾麟書此時正是湘鄉的掛名團練總領，當郭嵩燾陳說請曾國藩應命出山之後，他立即表示贊同，面諭兒子移孝作忠，為朝廷效力。

第二天，太平軍攻陷湖北省城。咸豐皇帝又急旨催促曾國藩等人組織團練，奔往前線，抵抗太平軍。曾國藩安排了家中之事，四個弟弟都要隨哥哥離家參戰，曾國藩只答應帶曾國葆一人離家，叮囑曾國荃、曾國華等先在家守孝，等待時機。於是，他再祭母靈，求母親諒他難盡孝道，以盡忠國家。

感人以情，待人以真

如果說人的心靈有一扇大門的話，那麼情感就是打開這扇大門的鑰匙。白居易說過這樣一句話：「感人心者，莫先乎情。」高明的領導者應該是能夠將情感運用自如的人。

曾國藩也是一個善於運用情感的人。曾國藩所從事帶兵打仗的事業，兵凶戰危，隨時都可能有生命危險，然而卻有那麼多的人聚集在他的周圍，甘心為他所用而至死不渝，很重要的原因之一，就是曾國藩很注重與下屬之間的情感交流，因此在他和下屬之間，有著十分牢固的情感紐帶。

感人以情，待人以真

　　塔齊布是曾國藩的一員勇將。在一次作戰中，塔齊布因寡不敵眾，單騎敗走鄉間，迷失了道路，後來被一個鄉農發現帶回了家中。第二天早上，塔齊布的士卒們見主將一夜未歸，都認為他戰死了，抱在一起哭成了一團，曾國藩也悲痛不已。三更的時候，鄉農將塔齊布平安地送了回來，曾國藩聽說後，連鞋都沒穿，光著腳就跑了出去，抱住塔齊布大哭起來。塔齊布說：「曾帥，餓死我了，快拿飯給我吃吧！」曾國藩這才破涕為笑。曾國藩這一哭一笑的真情流露，塔齊布怎能不感動呢？

　　咸豐五年（西元1855年）七月，塔齊布因為九江久攻不下，又急又氣，結果嘔血而死。曾國藩聽到塔齊布的死訊後，傷心欲絕，寢食難安。第二天清晨，曾國藩便率領湘軍的高階將領和幕僚來到九江，在湘軍駐紮的大營中為塔齊布辦了隆重的追悼會，並在塔齊布靈前飲泣不止，在場的將領們也都忍不住哭了起來。隨後，曾國藩又派人送靈柩到南昌公祭後送回原籍安葬。塔齊布家在北京，家中還有老母親，十分清貧，曾國藩知道後，便讓湘軍糧臺設法為塔齊布籌了一筆銀兩，託人轉交給塔齊布的老母親，並安排了塔齊布兩個弟弟的生活。與此同時，曾國藩還專程寫奏章上奏朝廷，詳細地奏報了塔齊布的功勳，請奏在長沙建立專祠。當祠堂建成之後，曾國藩親自為「塔公祠」撰寫祠聯：「大勇卻慈祥，論古略同曹武惠；至誠相煦嫗，有章曾薦郭汾陽。」

　　湘軍中還有一名大將，叫李續賓。李續賓是羅澤南的弟子，

第八章　駕馭人心：領袖的用人之術

羅澤南戰死之後，舊部由李續賓帶領。李續賓在軍中六年，與太平軍大小六百餘戰，攻克四十餘座城池，以戰功一直升到浙江布政使加巡撫銜。曾國藩對李續賓十分推崇，李續賓對曾國藩也是忠心耿耿。曾國藩在父親去世回家守制的時候，被朝廷剝奪了兵權。而李續賓仍然把曾國藩視為最高統帥，不論什麼事情都向曾國藩報告、請示。由於朝廷遲遲不肯讓曾國藩出山，李續賓甚至表示要辭職回家。

咸豐八年（西元 1858 年），李續賓在與太平軍作戰時孤軍猛進，結果被圍於三河鎮。曾國藩得到消息後，非常傷心地對人說，以李續賓的剛烈性格，肯定會戰死在這場戰役中。後來果然如此。即使這樣，當曾國藩聽到李續賓戰死的確切消息時，還是控制不了自己的情緒，當著眾人的面放聲大哭起來。其後，曾國藩專門向咸豐皇帝上奏，表揚李續賓的戰功，說他「臨陣專以救敗為務，遇賊則讓人禦其弱者，自當其悍者。分兵則以強者予人，而攜弱者自隨」。咸豐皇帝由此贈李續賓為總督，入祀昭忠祠，在其作戰省分為其建專祠，諡為「忠武」，並賜其父母一品封典，其子李光久、李光令均賜為舉人，並予騎都尉世職。

曾國藩與李續賓的弟弟李續宜感情也很好。李續賓在三河鎮戰死後，由李續宜繼領其殘部，轉戰江西、湖北、安徽一帶，在安慶之役中大敗陳玉成部隊於掛車河。胡林翼病重期間，李續宜署理湖北巡撫，不久即被任命為安徽巡撫，曾國藩感到欣喜

若狂,特地寫信致賀。同治元年(西元 1862 年)夏,李續宜在曾國藩的大營中治病,曾國藩每天都去他的病床前探視,晚上還要看一看他的睡眠情況。曾國藩在寫給弟弟們的家書中說:「我每天到李續宜那裡探視,他身體很瘦,又經常咳嗽,好像是有了內傷。但他的精神還很好,靜心調養,應該可以痊癒。」當他看到李續宜晚上睡得十分香甜的時候,由衷感到高興,特意寫信給弟弟們,跟他們一同分享這個快樂。同治二年(西元 1863 年),李續宜因病去世,年僅四十歲。曾國藩十分悲痛,從自己的積蓄中湊了一萬兩白銀送給李續宜的家人。

用曾國藩自己的話說,湘軍之中,有一種「家人父子之情」。這種「家人父子」的脈脈溫情,在相當程度上減少了湘軍內部的矛盾和衝突,使下屬易於甚至樂於尊重、服從和保護主要將領。曾國藩還說,湘軍所建立的是千人同心、萬人同力的「死黨」。很多人才樂意為曾國藩所用,究其原因,在相當程度上就是與這個「情」字有關。情感是會使人想有所回報的。凡是人才,都需要情感上的關懷、體貼、理解、尊重、信任和鼓勵。當今的管理者,也應該將情感當成一種力量,用它去動員、感染、影響周圍的人,激發人才的熱情和活力。

需要提醒的是情感一定要真誠。曾國藩用人很講究誠字,這個誠字,同樣也是與人才進行情感交流時所必須掌握的。只有真實的情感才能打動人,虛偽的情感不但打動不了別人,反而會弄巧成拙。此外,在運用情感的時候,也要掌握感情和理

智的分寸,不能讓情感的洪流沖垮了理性的堤防,否則只會影響成功。

共同追求可以凝聚人心

曾國藩本是一介書生,對於練兵、帶兵之事一竅不通,但是他卻練出了一支頗具戰鬥力與凝聚力的隊伍,打敗了太平軍,拯救了瀕臨滅亡的清朝,完成了「中興」的「大業」。其中的關鍵,就在於曾國藩善於用共同的追求來凝聚湘軍這個集體。

曾國藩早在湘鄉幫辦團練時便寫了〈要齊心〉的歌謠:

我境本是安樂鄉,只要齊心不可當。一人不敵二人智,一家不及十家強。你家有事我助你,我家有事你來幫。若是人人來幫助,扶起籬笆便是牆。……縱然平日有仇隙,此時也要解開結。縱然平日打官方,此時也要和一場。大家吃杯團圓酒,都是親戚與朋友。百家合成一條心,千人合做手一雙……

曾國藩從以往的經驗和教訓中,意識到一個群體團結的重要性,所以對於八旗綠營的「敗不相救」,曾國藩深惡痛絕,他說:「我認為現今的軍隊最令人沉痛的是『敗不相救』。這個營出陣戰鬥,那個營在旁邊邊看邊笑。如果這個營打了勝仗,就忌妒他們,忌妒他們會得到賞銀,忌妒他們會得到保舉;如果打了敗仗,就只是袖手旁觀,不上前相助,即使全軍覆沒,也

沒有一個兵卒前往援救。現在大營所調之兵,東抽一百,西撥五十;卒與卒不和,將與將不和;彼營敗走,此營不救;此營敗走,彼營不救;此營欲行,彼營顧止。離心離德,斷不足以滅劇賊而成大功。」

曾國藩在與太平軍作戰的過程中意識到太平軍之所以無往不勝,不僅是由於其紀律嚴明、深得民心,最重要的是他們內部團結、誓同生死。新成立的湘軍,如果不能萬眾一心,是很難與太平軍相互抗衡的。因而曾國藩強調:「湘軍必須要建立『死黨』,呼吸相顧,痛癢相關,赴火同行,蹈湯同往,勝則舉杯酒以讓功,敗則出死力以相救。賊有誓不相棄之死黨,吾官兵亦有誓不相棄之死黨。」他在給王鑫的信中說:「僕之愚見,以為今日將欲滅賊,必先諸將一心,萬眾一氣,而後可以言戰。而以今日營務之習氣,與今日調遣之成法,雖聖者不能使之一心一氣。自非別樹一幟,改弦更張,斷不能辦此賊也。」

那麼,怎樣做才能使諸將一心、萬眾一氣呢?曾國藩認為,關鍵是要有共同的追求。他說:「我想要組建一支萬人以上的鄉勇隊伍,希望能夠求得懂得治軍的將領,以忠義之氣為主,以訓練之勤為輔,以使諸將一心、萬眾一氣。」為此他選用將領,除了「第一要才能足以治民;第二要不怕死;第三要不汲汲名利;第四要能忍受辛苦」這四個條件之外,最重要的還要有「忠義血性」。他說:「大抵有忠義血性,則四者相從以俱至;無忠義血性,則貌似四者,終不可恃。」沒有忠義血性的人,是不

第八章　駕馭人心：領袖的用人之術

能引為同黨的。

曾國藩的「忠義血性」，顯然是以封建倫常為核心的，有其鮮明的政治屬性。但是，正是這種共同的「以忠誠相期獎」，以維護名教為信念的使命感、道義感，將這批儒生聚集在一起，從而形成了一個「有思想」且「有主義」的團隊。這種特有的信念，也是湘軍屢敗屢戰、敗而不潰，最終成功鎮壓太平天國運動的精神支柱。

除了以忠義號召將領之外，曾國藩還十分重視對士兵的思想薰陶。曾國藩自稱訓練之才，在士兵的訓練方面，他最重視的還是精神訓練，並稱之為「訓家規」。每逢三八操練日，曾國藩必親臨校場訓話，每次講「一時數刻之久」，反覆開導。他自己說，他的訓話，雖不敢說能讓頑石點頭，卻也做到了「苦口滴杜鵑之血」。訓話的內容，不外乎結合兵丁的切身利害，來闡述儒家做人的道理，就像是父兄教導家人一樣。他教育將領們說：「吾輩帶兵，如父兄之帶子弟一般，無銀錢，無保舉，尚是小事，切不可使之因擾民而壞品行，因嫖賭洋菸而壞身體，個個學好，人人成材，則兵勇感恩，兵勇之父母亦感恩矣。」

曾國藩的精神演說包括紀律教育和封建倫理教育兩方面的內容。為了配合精神演說，他還將「四書」、《孝經》等儒家經典發配到士兵手中，幾乎把兵營變成了學校。同時，他還將用於精神教育的倫理綱常寫在軍規中，讓官兵記誦，或編成歌謠，讓官兵傳唱。如〈勸誡淺語十六條〉、〈營規二十二條〉等，都是

淺顯易懂、日日用得到的紀律規範。再如，曾國藩親作的歌謠〈保守平安歌〉、〈水師得勝歌〉、〈陸軍得勝歌〉、〈愛民歌〉與〈解散歌〉等，宣傳教育性很強，湘軍兵勇在傳唱時，儒家倫理思想也就潛移默化地滲透到將士的靈魂裡了。

曾國藩長期用儒家思想進行薰陶，產生了極大的效果。而其他各省雖然也辦團練，也募鄉兵，但因他們並不注重教育與訓練，將領與士兵之間缺乏感情，所以並沒有多大的戰鬥力，因而很快就在歷史上消失了。曾國藩以儒家思想對軍隊進行教育灌輸，把湘軍訓練成尊長死上、辨等明威、具有濃厚儒教色彩的軍隊，使得湘軍成為「有思想」、「有主義」的軍隊，因而從整體上來說士氣旺盛，內部團結，「齊心相顧，不曾輕棄伴侶」，即使平時有仇隙，可一到戰場卻能同仇敵愾，死生相顧，從而成為朝廷對付太平軍最得力的軍隊。

讓部下自主發展

一個集團的最高統帥想要集團發展壯大，就要放權，讓手下自主發展，部下壯大了，集團才能壯大。但是，一定要掌握好讓手下另謀發展的時機。在這個問題上，曾國藩的做法是：局面小時，堅決維護隊伍的團結統一，對另立門戶者要堅決予以制裁，因為在這時自立門戶，無異於分裂隊伍，瓦解自己；但是當自己的發展具備了一定規模，一定要讓手下另謀發展。

第八章　駕馭人心：領袖的用人之術

這不僅是所謂「利己利人」、「達己達人」之道，更是擴大自己的事業，因為手下另謀發展以後，始終還是自己的手下，可以為己所用；即使完全獨立，也還是可以互相照應。

任何一個團體在發展中都會遇到成員「自立門戶」，從團體中脫離的事情，這也是一個很棘手的難題。一般而言，當一個團體尚未成氣候時，如果不能正確確立內部分配機制，優秀的人才最容易跳槽另立門戶。如果一般人員「出走」，當然不會對事業乃至團體構成危害，但如果「出走」的人屬於決策層、核心層，就不能掉以輕心，要堅定給予制裁。

王鑫是曾國藩非常賞識的一名將領，他治軍、用兵都很有一套，曾國藩說他有「名將之風」。曾國藩初創湘軍時，在很多方面都得益於王鑫的經驗。在衡州練軍時，曾國藩定立營制章程，就曾經跟王鑫一同討論。王鑫所寫的《練勇芻言》一書，更是對湘軍的建設產生了深遠影響，用王定安《湘軍記》的說法，就是「湘軍規制，多採之王鑫《練勇芻言》」。對於王鑫，曾國藩也一直準備加以重用。但是，王鑫有一個缺點，那就是性格傲慢，自視甚高。曾國藩移駐衡陽編練湘軍後，授命王鑫回湘鄉募勇。

王鑫回到湘鄉後，十分張揚，出入都要敲鑼打鼓，鄉人都為之側目。曾國藩聽說後，對王鑫的張揚非常不滿。王鑫在湘鄉招募了三千人，但曾國藩向來主張招一人即收一人之效，採取精兵厚餉的政策，以有別於綠營，因而聽說後趕緊送信去制

讓部下自主發展

止,說新招之勇,最多不要超過三營,否則回到衡州後恐怕連糧餉都發不下來。按照湘軍的營制,三營只能有一千五百人左右,王鑫當然無法接受。加上王鑫認為自己是最早帶勇的湘鄉人,就不想再受曾國藩的約束。王鑫從湖南巡撫駱秉章那裡請來了一萬兩白銀後,得意地回信給曾國藩說糧餉的來源已經解決。更令曾國藩氣憤的是,王鑫帶著這三千勇丁回到長沙後,竟與駱秉章來往密切,並漸漸流露出自成一軍、不再聽曾國藩指揮的傾向。

於是,曾國藩斷然要求王鑫除了原帶一營外,新招者只留兩營或三營;營官由曾國藩任命,並按統一營制編練,但駱秉章不僅不下令裁撤,反而命其加緊操練,駐省聽調。原來,在軍隊的調遣問題上,曾國藩與駱秉章早已有了矛盾,發生了多次衝突。田家鎮戰役失敗後,太平軍西上,駱秉章便以巡撫的名義,命令駐瀏陽的湘軍鄒壽璋營移防岳州。對於駱秉章插手湘軍的調遣,曾國藩自然不能容忍,便下令鄒壽璋不能移動,只能留在原地防守,這實際上是剝奪了駱秉章對湘軍的指揮權。與曾國藩產生矛盾後,駱秉章也非常想直接掌握一支部隊,以便在軍事上不完全依靠曾國藩。所以當王鑫到達長沙以後,駱秉章便拚命加以拉攏,使王鑫感恩不已,完全投向了駱秉章那邊。

對於王鑫不聽命令,曾國藩十分惱火。王鑫的新勇糧餉都來自駱秉章的供應,所以不得不聽從湖南大吏的安排調度,而成為了官勇。這與曾國藩所設想的基本思路是練成一支完全

第八章　駕馭人心：領袖的用人之術

由他控制的獨立湘軍,而現況完全背道而馳。因此,為了鞏固湘軍的團結,使湘軍只聽從他一人之命,曾國藩開始認真地考慮,是繼續與王鑫共事,還是將他掃出湘軍。

在做出決定之前,曾國藩先寫了一封長信給王鑫,將自己的想法和盤托出,希望王鑫能夠意識到問題的嚴重性,從而回心轉意。與此同時,曾國藩還到處寫信給朋友,一來是希望取得朋友們的支持,二來也希望朋友們幫忙接替王鑫的工作。然而,這些都沒有發揮多大作用。曾國藩在關係到自己以及湘軍的前途命運的大事時,每次都不妥協,這次也不例外。於是,在咸豐三年（西元1853年）十二月,他終於與王鑫攤牌,就兩人之間的關係做了了結。他寫了一封密信給王鑫,要王鑫必須在遵守湘軍的營伍制度與脫離曾國藩的湘軍體系之間做出明確的選擇。信中說：「特書與足下約,計必從鄙意而不可改者五條；不必從僕,聽足下自為屈伸主張者三條。……能如吾之約,則一一照辦,破釜沉舟,以圖一舉；若必不肯從吾之約,則足下自成一軍,今後吾將不與足下事,吾並將另募數營勇丁以替足下之位置。」

曾國藩所強調的不可更改的五條之中,最為關鍵的就是要求王鑫只能統領其中一營,其他各營需要由曾國藩另行委派營官統率,各營勇丁的數量也必須遵守湘軍統一的營制,不得自行其是。勇丁在招募入營後,必須經過至少兩個月的訓練,才能前往戰場打仗。總歸一句話,王鑫必須聽從他的指揮,否則,他

就不讓王鑫繼續做他的部下。

　　然而，王鑫此時去意已決，他認為自己追隨湖南巡撫駱秉章比跟著曾國藩更有前途，便對曾國藩的警告不予理睬。駱秉章也趁機拉攏王鑫，表示他所統帶的三千勇丁可以不裁撤，並繼續駐守在省城長沙，聽候調遣。如此一來，王鑫就更加拒絕聽命了，從而導致曾國藩與其徹底決裂。王鑫從此自定營制，自派營官，在組織上、制度上獨立於曾國藩的湘軍之外，自成一軍。人們以後也習慣稱之為「老湘營」，以區別曾國藩統轄的湘軍。曾國藩看到局勢已無法挽回，便忍痛與王鑫一刀兩斷。曾國藩在給駱秉章的信中說，如果湘軍再多出幾個王鑫，羽翼一豐就遠走高飛，那麼，練再多再好的軍隊，也不過是替別人做嫁衣而已。這是曾國藩絕對不能接受的，所以他果斷地將王鑫切割出去，以儆效尤。

　　但在局面擴大時，曾國藩鼓勵下屬謀求獨立發展。他對李鴻章、左宗棠等人，都展現了他的鼓勵下屬謀求發展的精神。李鴻章赴上海練淮軍，曾國藩說：「少荃去，我高枕無憂矣。唯此間少一臂助，奈何？」李鴻章再請，曾國藩不但欣然同意，還扶上馬送一程，令李鴻章終生銘記。

　　李鴻章所募淮勇到安慶後，曾國藩不但與他詳細地擬定了淮勇章程，還為他配置器械，安排糧餉。同治元年（西元1862年）正月末，李鴻章移駐安慶北門城外營內，曾國藩親臨祝賀。當時，淮軍除張遇春一營外，其他都是新募之勇，李鴻章十分

第八章　駕馭人心：領袖的用人之術

擔心，認為這樣的軍隊「戰守難恃，遠征異地，若無精兵宿將，立有覆敗之虞」，為此他懇求曾國藩調撥湘軍數營，以增強戰鬥力。曾國藩認為湘軍、淮軍同出一源，本是一家，淮軍由湘軍而生，必能患難相助，不會同根相殘，所以立即答應，接連調撥湘軍八營，歸李鴻章指揮。這八營湘軍，加上李鴻章自己招募的各營，便成了淮軍初期的基本隊伍。曾國藩此舉，可謂是將李鴻章扶上馬，而後又送了一程。援滬之舉，是李鴻章飛黃騰達的開始。李鴻章到達上海的第十七天，就奉命署理江蘇巡撫，七個月之後又由署理改為實授，從此李鴻章扶搖直上，幾乎與曾國藩「雙峰並峙」，乃至取代曾國藩，成為督撫級的領袖人物。

對於曾國藩的提攜之恩，李鴻章總是十分感激。終其一生，他一直以學生自居，言必稱曾國藩為「我師」。曾國藩對於成功提攜了李鴻章也十分得意，他還勸曾國荃「早早提拔」下屬，再三叮囑：「辦大事者，以多選替手為第一義。滿意之選不可得，姑節取其次，以待徐徐教育可也。」

由於曾國藩對屬下自立門戶的政策開明，並適時加以鼓勵，湘軍很快發展成為一個龐大的集團，而且始終保持著相對的統一性，以曾國藩為共同的精神領袖。這使曾國藩的事業規模迅速擴大，十年後，湘軍集團中督撫大帥，紛出並立，與曾國藩地位相當者就有二十餘人。這些軍隊與督撫協調行動，互相配合照應，更使曾國藩的聲望如日中天。

錢與權，編織一張關係網路

人是社會中的一分子，一旦結成穩固的利益關係，就會痛癢相關、榮辱與共。俗話說，沒有永久的朋友和敵人，只有永久的利益。曾國藩用「錢」與「權」結成了一張有史以來最大的關係網路，按他自己的話說就是「網結天下，雀無所逃」。他用其龐大的關係網路來確保「進可以大規模按自己的意志施政，退可以用來自保其身」。這樣的為官之道，頗有些戰國時代合縱連橫的味道。

攻占金陵平定太平天國前後，是曾國藩極盛之時，這期間湘軍集團統領紛紛出任督撫，有的是他保奏的，如李鴻章、沈葆楨等，有的雖未經他直接保奏，但他製造出一種形勢，使朝廷非委任湘軍統領不可。兩廣總督勞崇光與曾國藩一向不和，在籌餉問題上又不配合，曾國藩急欲除之而後快。當時廣東最為富庶，「天下之大利」除地丁、漕糧外就是海關、鹽場、勸捐和釐金，其他省或者是占據其一，或者是占據二、三，而廣東省四者全都有。

為了達到除去勞崇光的目的，曾國藩以軍餉奇缺為由，上奏要求派大員到廣東辦釐金，並給予該員奏事及參辦阻撓抽釐官紳的權力。這實際上是分割當地督撫的權力，自成體系。勞崇光自然不會就此罷休，而朝廷也深知曾、勞之間的矛盾，不能合作，考量到軍餉，不得不調走勞崇光而代以湘軍集團人員

第八章　駕馭人心：領袖的用人之術

繼任，以期在廣東為湘軍籌集更多的軍餉。

湘軍集團統領出任督撫，並不只有曾國藩一個人保薦，如李續宜、彭玉麟就同時得到官文、胡林翼的保薦；劉蓉則由胡林翼、駱秉章、文祥保薦；左宗棠的保薦者更多，如浙江巡撫王有齡不僅認為左「有膽有識」，可接任其位，而且還要求吳煦「務為代我圖之」，甚至毒咒發誓「倘有虛言，有如此日」。這不僅表明王有齡的真心實意，也反映出在制裁以太平天國為中心的革命之際，滿漢貴族只知依賴湘軍集團的共同心理。在滿漢統治者上述共同心理的推動下，自同治元年（西元 1862 年）開始，朝廷先後任命毛鴻賓為兩廣總督，劉長佑為直隸總督，左宗棠為閩浙總督，楊載福為陝甘總督，郭嵩燾為廣東巡撫，李鴻章為江蘇巡撫，唐訓方為安徽巡撫，劉蓉為陝西巡撫，閻敬銘為山東巡撫，曾國荃為浙江巡撫（未到職），惲世臨為湖南巡撫。再加上咸豐年間已任的胡林翼、駱秉章、曾國藩、羅遵殿、嚴樹森、李續宜、沈葆楨、彭玉麟、田興恕、江忠義，幾年內共有二十一個湘軍集團統領先後出任督撫。這二十一個人中有十三個湖南人，他們均為湘軍將領或幕僚，主要任職於長江中下游的四川、貴州及其以東各省，其次是珠江流域。廣東完全由湘軍所控制。廣西巡撫雖不是湘軍人員，但省內主力部隊是湘軍，且受制於兩廣總督，其布政使劉坤一又是湘軍大將，所以廣西實際上也是由湘軍集團控制的。湘軍集團在黃河流域則大為遜色，只控制了陝西、河南、山東、直隸四省，且

控制的深度和廣度也遠不及長江中下游各省。

與此同時，湘軍集團的督撫利用掌握地方政權，大肆搜刮稅收、籌集軍餉、擴充部隊，從而使湘軍實力急遽增長。位至督撫的湘軍集團統領深知戰爭時期如果身在戰區或靠近戰區，軍事上不能自立，不僅不能保位，就連身家性命也危險，因而也熱衷於招募新營，成立新軍。

由於有曾國藩這一位「統帥」，湘軍出身的封疆大吏能夠互相照應，「一方有難，八方支援」。他們編織成一張特殊的關係網路，痛癢相關，呼吸相從，以至整個晚清時期，地方督撫重要的職位都由湘、淮軍將領出任。朝廷有重要舉動前一定要徵求他們的意見，這也是約定俗成的事情。如果朝廷治罪一人，則很可能掀起大波瀾。曾國藩的「局」做得太大，以至於他自己也說：「長江三千里江面，都張掛我的旗幟，否則就不能通行。」

除了多年舊部可以聯盟互助以外，曾國藩還用聯姻的方法，鞏固和擴大自己的勢力。舊中國最講究裙帶關係，這是文明不發達的象徵。曾國藩雖然處於從傳統向近代轉化的時代，但透過聯姻來擴張、鞏固自己的陣地，仍不失為有效的手段。曾國藩的至交好友，像劉蓉、郭嵩燾、羅澤南等人後來都與他結為親家。

曾國藩與李鴻章兩家也緣分不淺。李鴻章和他的弟弟李鶴章曾同入曾國藩幕府做幕僚；曾國藩與李鴻章的父親李文安是「同年」；李瀚章和李鴻章均正式拜曾國藩為師，是曾國藩的得

第八章　駕馭人心：領袖的用人之術

意門生。後來，李鶴章與曾紀澤又成為了兒女親家，李鶴章的第四子娶曾紀澤的長女為妻，使曾、李兩家「親上加親」，聯為一家。

由於有眾多部下聯手互助，又有如此多的「親家」相助，曾國藩如虎添翼，才成就了大事，成為中興之臣。

除了「門生故吏、兒女親家」之外，還有什麼方法可以用於編織「關係網路」呢？曾國藩深知，戰爭期間非重獎厚利不足以得人死力，而獎勵手段則又不外乎升官、發財二事。但是，當時籌餉相當困難，前線弁勇除日糧稍優外，不可能再另外給予重金獎勵，而幕僚等後方人員則連薪資都不豐厚。辦釐人員薪水來自釐金抽成，糧臺人員薪水來自湘平與庫平銀兩的差色折算餘數，處理得宜的話收入也還不錯。而文案人員的薪水出自軍費，薪資水準非常低，僅能維持全家生活。可是，他們之所以對曾國藩幕府趨之若鶩，主要是為了學點真才實學，混個一官半職。曾國藩也沒有辜負他們的期望，利用幕府訓練與培養出大批人才，並委以重任、保舉高官，以至「薦賢滿天下」。

常言道：「投我以桃，報之以李。」曾國藩幫助屬下建功得賞，舉薦升遷。反過來，屬下也幫助曾國藩扶危解難，興旺發達。曾國藩擺脫在家守制時的不利局面就是一例。

曾國藩在家守制的一年多時間裡，湘軍與太平軍的戰爭形勢發生了巨大變化。他離開江西時，太平軍與湘軍正在對峙苦戰，九江、吉安、瑞州等城尚在太平軍手中。但是，由於太平

軍的內訌，湘軍乘機攻陷九江、瑞州、撫州、湖口、臨江，湖北方面的武昌等城也再度被湘軍攻陷。湘軍控制了兩湖、江西絕大部分地區，開始向安徽地區進攻。

由於作戰有功，湘軍將領們一個個加官進爵。到咸豐八年（西元1858年），胡林翼加太子少保，楊載福官拜提督，李續賓也官至巡撫，賞穿黃馬褂，其他將領也都得到相應的官銜。然而，在籍守制的湘軍統帥曾國藩仍然是原來的侍郎官銜。這兩年他雖信奉老莊，但相比之下也太懸殊了，心裡不免憤憤不平。他親手建立的湘軍，在鎮壓太平天國的戰爭中立下殊勳，將領們升官揚名，他自己卻在關鍵時刻離開了戰場，自然也就失去了立功揚名的大好機會。主帥離開了戰場，前線戰士卻取得了重大勝利，這對守制中欲復出的曾國藩來說實在太不利了。

但是，湘軍畢竟是曾國藩親手建立的，湘軍將領都是曾國藩親手培植的。他雖然居家一年多，湘軍將領與他仍然保持密切聯繫，他還是能發揮到遙制的作用。在作戰中，對於湘軍，別人很難統一指揮，他的角色仍無人可以代替。因此，胡林翼等湘軍大將們，總是想著讓曾國藩出山。

咸豐八年（西元1858年）間，石達開率二十萬大軍出走，由江西轉入浙江，攻占了浙江的常山、江山等地，對衢州發起攻擊。胡林翼抓住這一有利時機，上奏咸豐皇帝，請求起復曾國藩帶湘勇進援浙江。湖南巡撫駱秉章也上奏請求曾國藩出山。咸豐皇帝看到形勢又緊張起來，環視周圍的確無將可用，

第八章　駕馭人心：領袖的用人之術

於是不得不再次任用曾國藩。六月初三，曾國藩接到聖旨，就不再提任何條件，於六月初七馬上離開荷葉塘，趕赴戰場。曾國藩這次再度出山，固然是因為大清皇帝的身邊無人可用，但更重要的是得利於昔日部下的鼎力相助，為他創造了這一絕佳時機。

繼承者

一份事業能否延續，與能不能選好接班人有著莫大的關聯。選得好則這份事業會發揚光大，選得不好則這份事業馬上就會衰敗下去。做學問如此，做生意如此，做任何大事都是如此。因此，對選擇接班人，我們必須慎之又慎。

曾國藩的成功，在相當程度上是由於他在人才培養方面的成功。這樣一方面促進了自己生前事業的不斷擴張，另一方面也確保了自己身後政策的連續性，確保後人不會挖自己的墳墓，而是繼承自己的遺志。

曾國藩是一個深謀遠慮的人，他很早就把接班人問題擺在重要位置上了。他希望「以己之所向，轉移習俗，而陶鑄一世之人」。

曾國藩培養人才的辦法主要有三種：課讀、歷練、言傳身教。

一般來說，曾國藩把各種人才選拔上來之後，除去一些直

接破格授以重用的人之外,他總是先把所有網羅來的人才安置在自己的行署軍營中,讓他們處理一般文書、參謀事宜,使他們在實際工作中接受鍛鍊,增長才幹,涵養性情。而且在初始階段,他還對每個「人才」進行細緻探究與訪查,考察其賢愚、真偽,並且了解他們才幹的個中長短,以便對症下藥,在日後培養與任用。用曾國藩的話說,就是「權其材智長短器使之,聰俊願愨,各盡使用,人無棄材」。

由於經常在曾國藩左右參與幕政和公務,一些人才也就自然而然增長了見聞和實作能力。各式人才與他每日相見,十分便於曾國藩對他們進行日常性的品德教育和薰陶,曾氏每日的一舉一動、一言一行,無不以師表之功對眾人進行潛移默化的教育。

此外,曾國藩時時要求所有部屬、幕僚按其專業面向讀書學習,對自己身邊的幕僚,則盯得更緊,要求更嚴,既要布置「作業」,還常檢查「作業」。在環境較為安定、軍務不緊的情況下,他會對身邊幕僚進行定期考試,每日兩次,親自命題,親自閱卷,還要評定等次。就是用這種方式,曾國藩既能經常指導幕僚,又能了解到他們各自才識的最新情況與水準。

曾國藩對眾人進行日常薰陶的方式也很多樣,譬如利用茶餘飯後的閒暇時間,結合自己的閱歷與讀書心得談古論今,神遊八方,內容切合實際,形式又生動活潑,使幕僚們迅速增長學問,開闊眼界。

第八章　駕馭人心：領袖的用人之術

　　曾國藩的得意門生薛福成與李鴻章都先後談到過曾國藩聚眾「會食」和飯後講論的情況。李鴻章曾對人說：「在營中時，老師總要等我們大家同時用餐，飯罷即圍坐談論，證經論史，娓娓不倦，都是對於學問經濟有益實用的話，吃一頓飯勝過上一回課。他老人家最愛講笑話，講得大家肚子都笑疼了，各個東倒西歪，他自己偏偏不笑，以五指作把，只管捋鬚，穆然端坐。」據後世之人觀察，其中自然也展現了曾國藩高超的教育理念。

　　當然，曾國藩對人才的培養也不總是和顏悅色、如兄如長，外鬆內緊的「嚴繩」也是他在教育中的重要法門。他在〈原才〉中，強調正人先正己，以身作則。他最恨身邊的人身上有官氣，認為即使有「鄉氣」，也不可有「官氣」。於是，他極力避免官場排場，絕對禁止部屬迎送虛文。

　　曾國藩幕府龐大，其作用一是治事，二則在於育人，他一心要將自己的幕府變成培養人才的學校。曾國藩本人既是軍政長官，也是業師；幕僚則既是公務員，又是學生。曾國藩就曾向朋友描述過自己的幕府，說：「此間尚無軍中積習，略似塾師約束，期共納於軌範耳」。他在給丁日昌的信中則說：「局中各員譬猶弟子，閣下及藩司譬猶塾師，勗之以學，教之以身，誡之以言，試之以文，考之以事，誘掖如父兄，董督如嚴師，數者缺一不可，乃不虛設此局。」這裡所說的既是對丁日昌所部江南製造局的要求，也是自己管理整個幕府的理念。

繼承者

　　曾國藩為培養人才可謂煞費苦心，而他的心血確實也沒有白費，他一生的事業正是靠這些人才發展而壯大起來的。而在這些人才中，曾國藩花費最多心血、提拔最多、成長最快，也最能承襲曾門衣缽的，就是後來的「中堂大人」李鴻章。

　　咸豐十一年（西元 1861 年）太平軍在江浙進犯，朝廷的財賦重地岌岌可危，尤其是上海面臨被占領的危險。從朝廷到江浙地方官紳，都向曾國藩發出派兵解援的籲請。曾國藩意識到這是擴大湘軍勢力的極好時機，但又不能將精銳派到上海，只能另闢蹊徑，再練一支隊伍。

　　當時，曾國藩考慮這個人選時，主要從以下幾點出發：湘軍嫡系，能夠勝任此項任務；對湘軍、對自己都大有益處，斷不會成為掘墓人。

　　經過再三權衡，他認為李鴻章可擔此大任。曾國藩與李鴻章談了一整晚，囑咐他先把兵練好，不要急於出戰，吏治、洋務可以暫緩。他知道「有軍則有權」的道理，告誡李鴻章要把軍事放在首位，在他看來，只有練就精兵，學會作戰，才能站穩腳跟，飛黃騰達，否則將一事無成，甚至有喪失生命的危險。他還告訴李鴻章，心高氣盛、急躁、傲慢、任性的缺點如不改正，後患無窮。

　　李鴻章到上海後，處處以弱軍自居，打定主意：即使朝廷下十二道詔書都不出兵，因為軍隊是他的血本。不久，慈禧又施加壓力，聲稱如果再不出兵攻打太平軍，就將他調離。李鴻

第八章　駕馭人心：領袖的用人之術

章仍不回話。朝廷知道只有曾國藩能調動李鴻章，於是命令曾國藩勸李鴻章出兵作戰。李鴻章早已特地向老師訴苦，曾國藩知道個中緣由，剛開始時支持李鴻章按兵不動，待朝廷命令他勸李鴻章出兵的諭旨下達後，曾國藩又出一招，讓李鴻章「勉為應允」、「會防不會剿」，即與外國勢力一同防守上海，但不參加共同對抗太平軍的會戰。因為曾國藩和李鴻章都清楚，不能把自己當槍使，把本錢送給別人花。李鴻章經過多次試探，終於確定外國人的用意是拿他的軍隊當替死鬼，他不僅佩服老師的眼力，更堅定了不出兵的信念。此後，李鴻章處處稟承老師的旨意辦事，在上海六個多月，李鴻章寫給曾國藩的信就有四十四封之多。他事事請命、時時請命，有何創舉總是先懇求曾國藩創首，有何大政總是先懇求曾國藩主持。尤其是洋務大政，李鴻章推舉曾國藩領頭，從而掀起極大的聲勢。曾國藩得虛譽分擔風險，李鴻章則由此實力大增。

　　李鴻章對曾國藩的確也投桃報李，每月僅接濟安慶大營的銀兩就高達四萬兩，西式槍枝及火炮更是不計其數，有一次僅子彈就送了一百萬發。

　　攻陷金陵前後，曾國藩實際上是清軍的前線總司令，且握有蘇、浙、皖、贛四省軍政大權。不過誰都知道，朝廷已經忌其兵權過重，儘管表面上聖寵甚隆，實際上君臣都為後事發愁。因此，曾國藩急需一位不會背叛自己的傳人，他最怕朝廷內部矛盾激化成災，殃及自家。曾國藩曾有一座右銘，後被李

鴻章發揚光大:「禹墨為體,莊老為用。」即吃苦實做,又無欲無為。表面上看它很消極,其更深的含義是以實力對抗壓力。曾國藩有過寫一本《挺經》的想法,書雖未出版,李鴻章卻已深諳其中之味。李鴻章曾對知己者說過:「我老師的祕傳心法,有十八條挺經,這真是精通造化、守身用世的寶訣。」在湘軍攻陷金陵後,曾氏兄弟一度大遭物議,李鴻章暗中支持老師,並用「墨守挺經」四字相勉。它表明挺經之道乃對抗壓力之寶,又表明李鴻章未辜負師門厚望,大原則一致。

後來裁湘留淮,曾、李兩家聯為一氣,衣缽相傳。當李鴻章聲望日隆,甚至超過老師時,在重大問題上,如「剿捻」、辦洋務等,仍與曾國藩保持一致,李鴻章確實是光耀曾氏門庭的學生。曾國藩死後,李鴻章還自謙地說自己「師事近三十年,薪盡火傳,築室忝為門生長」。

同治十年(西元 1871 年)十一月,坐在新建的署衙裡,曾國藩總覺內心無比空虛、淒寒,隨之也覺得病情加重。肝區陣陣疼痛、頭暈目眩、兩腳麻木、失眠且噩夢不斷。他意識到自己將不久於人世,想著要交代點後事,於是趕緊寫信給李鴻章。想到李鴻章,他心裡寬慰多了,慶幸自己有這麼個可以接班的學生。這幾年,他的事業都由李鴻章接過去了:湘軍裁撤了,李鴻章的淮軍成了支撐清朝的棟梁;自己打不過的捻軍,由李鴻章戰勝了;天津教案自己弄得沸沸揚揚,而李鴻章卻將此案完滿了結;洋務事業自己僅僅開了個頭,而李鴻章正在大舉進行。

第八章　駕馭人心：領袖的用人之術

「青出於藍勝於藍，學生勝於老師，這正展現出老師識才育才的本事，若是學生總是不如老師，一代不如一代，事業還怎麼前進呢？」當面前出現對李鴻章的非議時，曾國藩總用這句話制止。他這不是藉此自慰，心裡也真是這麼想的，他也佩服李鴻章。他雖對李鴻章過分熱衷功名利祿有些不認同，但也總是寬容以待。

李鴻章接到老師的信，尤其讀到「此次晤面後或將永訣，當以大事相托」時，深恐老師或有不測，不能見上最後一面，將成終生憾事，便不顧年關已近，百事叢雜，冒著嚴寒，長途跋涉，由保定趕來江寧。師生見面第一件事是進一步協商幼童出洋之事，認真推敲細節，再度聯名上奏，強調這是徐圖自強的根本大計，中華創始之舉，務必讓朝廷重視，以達到預期效果。李鴻章根據老師的指點，未經文案，執筆立就。曾國藩看了這兩千餘字的奏稿，條理縝密，文筆洗練，心裡很是高興，僅改數語便讓李鴻章親自帶去呈遞。

稿子擬好後，曾國藩興奮地向學生講起往事，歸納自己的人生教訓，最終向李鴻章交代了兩點，讓他切記。一是湘軍裁撤之事，他自認顧慮太多。湘軍攻戰十幾年之久，金陵克捷後，懾於各種壓力，他竟然解散了親手建立的軍隊，自毀長城，寒了將帥的心，實際上等同於自殺之舉。湘軍眾將飄如秋葉，而自己也成了剪翼之鳥，以至「剿捻」無功，備受挫辱。幸賴李鴻章所建淮軍，剿滅捻軍，成就了大事。他讓李鴻章切記自己的教

訓,當今八旗、綠營再不可恃,保太后、皇上之安,衛神州華夏之固,全仗淮軍。今後,淮軍有被議論的那一天,千萬不要像老師那樣,畏首畏尾,只可加強,不可削弱。亂世之中,掌握軍隊的手切不可放鬆,於家於國都是如此。

第二點讓李鴻章切記,即數十年辦事之難,難在人心不正,世風不淳,而要正人心、淳世風,實賴一、二人默運於淵深微莫之中,使其後來者為之應和。他說自己與李鴻章的關係正是這樣,自己先正己身,同時培養後人,把這些人作為「種子」,期待這些後人開花結果,實現承先啟後、天下應和之目的。所以,他希望李鴻章要早點著手,以一身為天下表率,多多培養「種子」,種子綿延不斷,天下應和,世風自然改變。

李鴻章問他當今天下,哪些人可作為以後培植的「種子」。曾國藩似乎不想交代,思考良久,認為再不說怕以後永無機會,於是才鬆口,海內第一號人物當屬左宗棠,說他雄才大略,待人耿直,廉潔自守。李鴻章聽了感到不解,因為曾國藩與左宗棠兩人已七、八年不通音訊,外人都說他們有矛盾,為何老師竟說他是第一號人物?曾國藩說,左宗棠與他爭的是國家大事,不是私情,左「知人之明,謀國之忠」,正是他的長處。李鴻章聽了,連連點頭。曾國藩認為左宗棠之後當數彭玉麟,此人光明磊落,疾惡如仇,淡泊名利,重視情義,是天下的奇男子;其次是郭嵩燾,其人之才,天下難有匹敵者,而且非書生之才,將來會有發展;再往下數如劉長佑心地端正,雖然沈葆楨很有

第八章　駕馭人心：領袖的用人之術

才能，但心地狹窄。

而後，他們又議論了辦洋務之事。曾國藩強調洋務怎麼辦都好，但一定要抓住一點不放，那就是馮桂芬說的「以中國之倫常名教為原本，輔以諸國富強之術」。

由於春節將至，年關臨近，李鴻章不得不辭別老師趕回保定。曾國藩死後，李鴻章不僅繼承了他的事業，而且發揚光大。曾國藩生前樹敵頗多，死後自然可能遭人非議，但由於李鴻章的存在，曾國藩身後聲譽不僅沒有受到任何影響，而且日漸興隆，如日中天。這些都是因為曾國藩生前安排好了自己的接班人，從而得以保全曾氏後世的名聲和利益。

繼承者

國家圖書館出版品預行編目資料

內聖外王曾國藩，以誠信、忍耐與遠見成就巔峰：從紛繁事務到團隊打造，掌握專注力與領導力的智慧指南 / 王建軍 著 . -- 第一版 . -- 臺北市：財經錢線文化事業有限公司, 2025.01
面； 公分
POD 版
ISBN 978-626-408-138-2(平裝)
1.CST: (清) 曾國藩 2.CST: 傳記 3.CST: 修身
782.877   113020615

電子書購買

爽讀 APP

內聖外王曾國藩，以誠信、忍耐與遠見成就巔峰：從紛繁事務到團隊打造，掌握專注力與領導力的智慧指南

臉書

作　　　者	王建軍
責任編輯	高惠娟
發 行 人	黃振庭
出 版 者	財經錢線文化事業有限公司
發 行 者	崧燁文化事業有限公司
E - m a i l	sonbookservice@gmail.com
粉 絲 頁	https://www.facebook.com/sonbookss/
網　　址	https://sonbook.net/
地　　址	台北市中正區重慶南路一段 61 號 8 樓
	8F., No.61, Sec. 1, Chongqing S. Rd., Zhongzheng Dist., Taipei City 100, Taiwan
電　　話	(02) 2370-3310　　傳　　真：(02) 2388-1990
印　　刷	京峯數位服務有限公司
律師顧問	廣華律師事務所 張珮琦律師

-版權聲明-

本書版權為樂律文化所有授權財經錢線文化事業有限公司獨家發行電子書及紙本書。若有其他相關權利及授權需求請與本公司聯繫。
未經書面許可，不可複製、發行。

定　　價：375 元
發行日期：2025 年 01 月第一版
◎本書以 POD 印製
Design Assets from Freepik.com